NEU:
Bergkräutertee
BIO 100% aus Südtirol
POMPADOUR
100% BIO
Erbe di montagna
Südtiroler Bergkräuter BIO
Qualità
ALTO ADIGE
100% dall'Alto Adige
SINCE 1913
hmc.it
Hansjörg, einer unserer
Biokräuterbauern
aus dem Vinschgau

Waltraud Tschurtschenthaler

BACK DICH GLÜCKLICH

Kuchenrezepte aus Südtirol
leicht, schnell & verführerisch

mit Fotos von Sara Italiano

ATHESIA VERLAG

REZEPTÜBERSICHT

Kapitel eins: **CREMIG**

Kapitel zwei: **RÜHRKUCHEN**

Kapitel drei: MÜRBTEIG

What you SEE is what you GET

gf = glutenfrei

EIN DANKESCHÖN

Nun ist es soweit: Voller Stolz halte ich mein persönliches Meisterwerk in Händen. Von Mai bis Oktober 2015 herrschte Ausnahmezustand im Pyramidencafe. Auf der einen Seite meine Arbeit, die mich voll und ganz ausfüllt, auf der anderen Seite das Projekt „Backbuch", das mich mit so viel Freude und Euphorie erfüllte. Um mich bei meinen Liebsten zu bedanken, habe ich ein „Kuchenbuffet" vorbereitet.

Sara – du bekommst von mir ein großes Stück Milchschnittentorte, nicht nur für diese wunderbaren Fotos, sondern auch für das Gesamtkonzept und deinen Einsatz. Ich bedanke mich bei dir, Sara Italiano, du hast dich im Laufe der Monate von einer Superfotografin zur Projektmanagerin hochgearbeitet. Anfangs, als ich unermüdlich irgendwelchen Ramsch vom Dachboden als Dekoration für die Fotos anschleppte, erklärtest du mir noch schonend: „Waltraud, das ist 80er-Jahre-Stil, das geht gar nicht!" Daraus wurde allmählich ein Kopfschütteln und Augenverdrehen und ich wusste Bescheid. Deine schönen Fotos hast du mit Naturlicht und ohne Photoshop gemacht.

Liebe **Maria** mit **Niki**, holt euch ein Stück Pfirsichkuchen, ich weiß, der schmeckt euch so gut. Vielen Dank für die wertvollen Requisiten und die schönen Blumen, die du uns auf Abruf ins Haus geliefert hast. Auch dein Sinn für das Edle ist in diesem Buch zu finden.

Für meinen Schwager **Oswald** habe ich die Zitronencremetorte gebacken. Ich bedanke mich für die vielen tollen Sachen, die du uns geliehen hast. Die Ehre, auf deiner Vespa – oh Entschuldigung, auf der Lambretta natürlich – ein Foto machen zu dürfen, war das Sahnehäubchen.

Brigitte liebt den Zwetschgen-Streusel-Kuchen, ein Stück für dich – und danke für die wertvollen Leihgaben. Nimm für **Peter Paul**, **Maximilian** und **Alexander** auch ein Stück mit.

Meine Tochter **Nadia** liebt die Marille-Vanille-Torte. Danke Nadia für die tolle grafische Gestaltung dieses Werkes.

Bei meinem Mann **Norbert** und bei unserer jüngeren Tochter **Sandra** bedanke ich mich für die hervorragende Unterstützung dieses Vorhabens mit einem Kuss und einem Stück Schwarzwälder Himbeertorte.

Unsere **Omi** (meine Schwiegermutter) hat sich ein großes Stück Erdbeertorte verdient. Du bist für unsere Kinder immer eine fürsorgliche Oma gewesen, und ich konnte mich voll und ganz auf meine Arbeit konzentrieren.

Meine beste Freundin **Waltraud** nimmt sich ein Stück Heidelbeer-Joghurt-Torte. Ich danke dir für die wunderbaren Spaziergänge mit unseren Hunden Nils, Shila, Benny und Eddie. Danke auch für Kräuter, Blumen und Einkäufe, die du oft für uns erledigst erledigst, und dass du mir mit Rat und Tat zur Seite stehst.

Danke **Doris**, dass du mir nach 39 Jahren noch einmal die Hausaufgaben verbessert hast. Der Käsekuchen ist für dich!

Den Rest vom Kuchenbuffet verteile ich an alle unsere **Gäste**, die uns im Laufe der Jahre so zahlreich besucht haben und die ich bekochen und mit süßen Leckereien verwöhnen durfte, sowie an meine jungen Helferinnen, die mir den Sommer erleichtern.

Eine schöne Torte habe ich für meine Familie in Sexten reserviert: für **Vater, Mutter** und meine Geschwister **Albert, Robert, Evi** und **Michael** mit Familien. Danke meinen Eltern, dass sie mir etwas Wichtiges mit auf den Weg gegeben haben, und zwar unermüdlichen Fleiß und das, was es im Leben am meisten braucht: Humor.

DAS KUCHENBUFFET IST ERÖFFNET.

Das bin ich:
Wally

Milchschnittentorte
Rezept S. 34

Sara, der kreative
Kopf hinter den Fotos

Zitronencremetorte
Rezept S. 16

Ich wünsche Ihnen
ganz viel Spaß beim Backen!

Dieses Backbuch widme ich den drei wichtigsten Menschen in meinem Leben: meinem Ehemann Norbert, der von mir behauptet, ich sei ein „lebendiges Provisorium", und meinen zwei Töchtern Nadia und Sandra, die meinen: „Memsi – du bist zwar verrückt, aber die Beste!"

ETWAS AUS MEINEM LEBENSLAUF

Ich bin 1961 geboren und mit vier Geschwistern in Sexten auf einem Bauernhof aufgewachsen. Die 60er und 70er Jahre waren der Anfang des Tourismus in Südtirol, und so hatte auch meine Mutter einige Gästezimmer. Damals lebten noch meine Großeltern mit im Haus. Großvater war ein wunderbar lustiger, kauziger Mensch, ein Holzschnitzer und Maler. Es war ein schönes Aufwachsen und ich fand immer, dass unsere Eltern weniger streng waren als die der anderen Kinder in der Nachbarschaft. Aus dieser Kindheit, die so völlig anders war als jene, die heute überbehütete Kinder erleben, möchte ich ein paar Anekdoten erzählen.

Nach der Grund- und Mittelschule besuchte ich die Handelsschule in Innichen und 1978 begann mein Berufsleben als Hotelsekretärin im Sport- und Kurhotel Bad Moos. Dort arbeitete ich 11 Jahre lang mit Brigitte, einer sehr lieben Kollegin. Wir haben dort sehr viel gelernt, aber auch so einiges erlebt. 1986 erwartete ich meine erste Tochter Nadia, und am 24. Oktober 1986 heiratete ich meinen langjährigen Freund Norbert. Sehr bald wuchs der Plan, sein Haus in Oberwielenbach zu einem Café auszubauen. Da dort auch ein Wanderweg zu den Erdpyramiden vorbeiführt, schien dies eine gute Idee zu sein. Man muss sagen, dass damals nur wenige an den Erfolg dieses Projektes glaubten. Manchmal kam es einem vor, als versuchte man, den Gazastreifen in einen TUI-Katalog aufzunehmen – es war schier aussichtslos.

Aber die Leute ahnten nicht, dass wir zwei einen unermüdlichen Fleiß an den Tag legen würden und auch ein wenig das Glück des Tüchtigen gepachtet hatten. Und so eröffneten wir am 6. Juli 1989 das Pyramidencafe in Oberwielenbach. Ich sagte zu meiner Mutter: „Die Kuchen backe ich selbst." Worauf ihre Antwort war: „Wie willst du das machen, wenn du in deinem Leben noch keinen Kuchen gebacken hast?" Ich konterte: „Das wird man wohl lernen können!" Gesagt, getan ... Aus diesem Plan wurde Schritt für Schritt das, was heute unsere Gäste am meisten bewundern – diese wunderbaren hausgemachten Kuchen. Leicht, ohne Chemie, mit guten Produkten und nicht zuletzt in immer neuen Kreationen, die mit noch mehr Liebe zubereitet werden.

Nach zwei Jahren begannen wir warme Speisen zu servieren, da die Gäste dies immer mehr wünschten. Auch die warmen Köstlichkeiten waren alles Gerichte aus unserer Gegend und natürlich hausgemacht. Im Sommer legten wir den Schwerpunkt auf Steinpilze und Pfifferlinge, und zum Nachtisch gab es eine reiche Auswahl an Kuchen.

Nun, nach 27 Jahren, fragen mich immer mehr Gäste nach einem Rezeptbuch. Ich hatte den Plan, dieses nach meiner Pensionierung herauszugeben. Doch wie es der Zufall wollte, besuchte mich am 26. Mai 2015 eine Bekannte, die gerade aus Thailand zurückkam. Sie war vier Jahre lang in der italienischen Botschaft und hatte dort Torten für Anlässe gebacken und nachher fotografiert. Ich muss zugeben, ich habe noch nie so schöne Kuchenfotos gesehen, und so fragte ich diese begnadete Künstlerin, Sara Italiano, ob sie mit mir dieses „Projekt Backbuch" versuchen möchte. Ihre Begeisterung war ebenso groß wie meine, denn sie liebt meine Kuchen. Es war um uns geschehen und ich fühlte mich wie schwanger, schwanger von einem Backbuch. Sara und ich nannten es „unser Kind".

Die Begeisterung und Liebe, die in diesem Buch stecken, werden Ihnen viel Freude machen und Ihren Lieben die besten Kuchen bescheren. Dazu darf gern auch geschmunzelt werden.

Kilo
12kg

GRUNDLAGEN FÜR EIN GUTES GELINGEN

Bevor Sie in Ihrer Backstube oder Küche loslegen, möchte ich Ihnen noch einige wertvolle Tipps für ein perfektes Gelingen mit auf den Weg geben. Backen und Kochen sind vor allem Leidenschaft und Fantasie. Man kann eigene Ideen und Kreationen nach Belieben in die vorgegebenen Rezepte einbringen. Beim Backen gibt es jedoch einen Unterschied: **die Waage.** Es funktioniert nicht mit ungefähr oder ein bisschen, man muss alles genau nach Rezept abwiegen. Ich empfehle Ihnen, zuerst alle Zutaten abzuwiegen, zu raspeln, zu schmelzen usw. und erst dann zu beginnen.

Die meisten Haushalte sind heutzutage mit einem Rührgerät oder Handmixer ausgestattet. Sollte dies nicht der Fall sein, so erreicht man mit einem guten Schneebesen und etwas Muskelkraft aber auch das gewünschte Ziel. Ein wunderbares **Werkzeug** ist die Teigspachtel, mit der man ohne Mühe den Teig bis auf den letzten Rest aus der Rührschüssel in die Tortenform bringt. Praktisch finde ich Springformen, die ich mit Backpapier auslege. So erspart man sich das Einfetten der Form. Auch Silikonbackformen sind gut, allerdings nur für Teige mit Butter, sonst müssen auch diese eingefettet werden.

Sollten Sie Rezepte aus diesem Buch lieber als **Blechkuchen** backen, so verdoppeln Sie einfach die Menge der Zutaten [oder 1½ mal so viel].

Die Angaben über **Backtemperaturen** sind relativ, da jeder Backofen anders ist. Das müssen Sie selbst etwas austesten. Am besten niemals heißer als 180 Grad backen. Aber jede Küchenfee kennt ihr Backrohr und entscheidet sich für die angemessene Temperatur und für Ober- oder Unterhitze, was idealer ist als Umluft. **Gute Zutaten**, Butter und Eier auf **Zimmertemperatur** und saisonale Früchte wären ratsam.

Sollten Sie **laktoseintolerant** sein, können Sie alle meine Rezepte auch mit einer guten Margarine backen und die Milch beim Mürbteig durch Wasser ersetzen. Anstatt des **Kuchenmehls** eignen sich sowohl Kamut-, Dinkel- oder auch Vollkornmehl. Bei Letzterem sollte man etwas mehr Flüssigkeit [Milch oder Wasser] hinzufügen, damit der Kuchen nicht zu trocken wird.

Als **Triebmittel** verwende ich Weinsteinbackpulver, es funktioniert natürlich auch normales Backpulver. Am gesündesten ist der echte **Vanillezucker**, nicht der künstliche. Dieser lässt sich ganz einfach zubereiten: Kristallzucker in ein Glas füllen, eine Vanilleschote der Länge nach aufschneiden, das Vanillemark herauskratzen und gemeinsam mit der Schote zum Zucker geben. Dieser Vanillezucker ist sehr lange haltbar. Allerdings gilt es etwas Wichtiges zu beachten: Echter Vanillezucker enthält Öl und darf somit niemals beim Schlagen von Eiweiß oder Sahne mit dem normalen Zucker vermischt, sondern erst zum Schluss mit dem Mehl untergehoben werden.

Die meisten meiner Torten [außer der Erdbeertorte] lassen sich auch problemlos **einfrieren**. Wichtig dabei: gut verpacken. Torten mit Sahne im Kühlschrank kalt stellen. Bitte geben Sie darauf acht, dass sie abgedeckt im Kühlschrank stehen, da die Sahne fremde Gerüche annimmt.

Das Gelingen eines guten Kuchens hängt vorwiegend vom richtigen Verrühren der Zutaten ab. Beim **Biskuitteig** Eier mit Zucker schaumig rühren – nicht zu schnell – und erst sobald die Masse cremig, hellgelb und schaumig ist, die restlichen Zutaten vorsichtig löffelweise unterheben.

Mürbteig möglichst schnell und nicht zu lange kneten, sonst wird die Butter zu warm und der Teig zerbröselt. Die Arbeitsfläche beim Austreiben sehr gut bemehlen.

Beim **Rührteig** schmelze ich immer die Butter, schlage Eier mit Zucker schaumig und gebe abwechselnd Mehl, Zutaten und die flüssige Butter zur Masse.

Bei Torten mit **Eischnee** schlage ich zuerst das Eiweiß mit dem Zucker zu einer cremigen Masse – lieber etwas länger und nicht auf der höchsten Stufe, denn dadurch verhindert man, dass zuviel Luft dazu kommt. Diese bewirkt nämlich das berühmte **Einsinken** in der Mitte des Kuchens, etwas, was sehr ärgerlich ist. Eiweiß ist sehr empfindlich. Es dürfen keine Eigelbreste darin sein. Das Gefäß und den Rührbesen sollte man vorher mit etwas Essig oder Zitrone reinigen. So vermeidet man Fettspuren, die ein Schlagen des Eischnees erschweren.

Und nun das Wichtigste beim Backen: **viel Freude und gute Laune.** Das Ergebnis wird Sie verblüffen und Ihre Familie und Freunde in Staunen versetzen.

Ich wünsche Ihnen viel Spaß und gutes Gelingen.

Ihre Wally

HEIDELBEER JOGHURT TORTE

DER GESCHMACK DER KINDHEIT

Wie schön war es, als Mutter samstags Kuchen für den Sonntag gebacken hat. Im Sommer, wenn es frische Heidelbeeren gab, backte sie einen ganz besonders leckeren Kuchen. Beim besten Willen und Können – diesen Kuchen bekomme ich so einfach nicht hin. Ich habe es versucht, aber es gelingt leider nicht mehr, den Geschmack der Kindheit einzufangen. Schade.

HEIDELBEER-JOGHURT-TORTE

Springform: 24/26 cm Ø
Backtemperatur: 180 Grad
Backzeit: etwa 45 Minuten
Kühlzeit: etwa 2,5 Stunden

FÜR DEN BODEN
4 Eier
150 g Zucker
80 g Reismehl
80 g Maisstärke
1 EL Vanillezucker
1 TL Weinsteinbackpulver

Eier und Zucker etwa 8 Minuten lang schaumig schlagen, bis die Masse hellgelb und cremig ist. Reismehl, Maisstärke, Vanillezucker und Weinsteinbackpulver vermischen und mit einem Silikonspachtel vorsichtig unter die Ei-Zucker-Masse heben. Eine Springform mit Backpapier auslegen, die Masse einfüllen und glatt streichen. Im vorgeheizten Backofen auf der unteren Schiene backen. Gleich nach dem Backen den Boden mit einem Messer vom Rand der Form lösen und auskühlen lassen. Den Biskuitboden auf einen Tortenteller stürzen.

FÜR DIE CREME
3 Blatt Gelatine
3 EL Zitronensaft
250 ml Naturjoghurt oder Magerjoghurt
400 ml Sahne 35 %
100 g Zucker
300 g frische Heidelbeeren

Die Gelatine in reichlich kaltem Wasser etwa 5 Minuten einweichen. Den Zitronensaft bei mittlerer Hitze erwärmen, die Gelatineblätter gut ausdrücken und in den warmen Zitronensaft einrühren, bis sie vollständig aufgelöst sind. Das Joghurt einrühren.
Die Sahne mit Zucker steif schlagen, das Joghurtgemisch unter die Sahne heben.
Die Heidelbeeren auf dem Boden verteilen, dabei eine Handvoll für die Garnitur zurückbehalten. Die Joghurtcreme gleichmäßig auf dem Boden verteilen und glatt streichen. Die übrigen Heidelbeeren herzförmig auf die Torte legen und kühl stellen.

MEINE TIPPS
Sie können für diese Torte auch andere Beeren verwenden. Anstatt Naturjoghurt eignet sich auch Fruchtjoghurt, man sollte dann jedoch bei der Creme 80 g Zucker verwenden.
Sollte die Joghurtcreme zu weich sein, geben Sie einfach einen mit Backpapier ausgelegten Tortenring um die Torte, streichen die Creme darüber und stellen die Torte kühl. Nach etwa 2 Stunden können das Papier und der Ring gelöst werden und die Torte kann mit den restlichen Heidelbeeren garniert werden.

glutenfrei

ZITRONEN CREME TORTE

BADEMEISTER FERNANDO

Als meine Töchter die ersten Male allein ans Meer fuhren, betonte ich vor allem eines: „Lasst euch um Himmels Willen niemals mit einem Bademeister ein, denn die haben jede Woche eine andere Touristin an der Angel!" Bald schon bekam ich von Sandra eine Postkarte aus Ibiza mit folgendem Text: „Hallo liebe Familie, Ibiza ist super, schönes Wetter, schöne Strände und Wahnsinnsdiscos! Schöne Grüße aus Ibiza! Sandra, Claudia & Fernando. PS: Ich habe jemanden kennengelernt. Er heißt Fernando, ein Bademeister aus Argentinien. Ihr werdet ihn lieben!" Es war zum Glück nur Spaß.

ZITRONENCREMETORTE

Springform: 24/26 cm Ø
Backtemperatur: 180 Grad
Backzeit: etwa 30-45 Minuten
Kühlzeit: etwa 3 Stunden

FÜR DEN BISKUITBODEN
4 Eier
150 g Zucker
100 g Mehl
50 g Speisestärke
1 EL Vanillezucker
1 TL Backpulver

Eier und Zucker etwa 8 Minuten lang schaumig schlagen, bis die Masse hellgelb und cremig ist. Mehl, Speisestärke, Vanillezucker und Backpulver vermischen und mit einem Silikonspachtel vorsichtig unter die Ei-Zucker-Masse heben. Eine Springform mit Backpapier auslegen, die Biskuitmasse einfüllen und glatt streichen. Im vorgeheizten Backofen auf der unteren Schiene backen. Gleich nach dem Backen den Boden mit einem Messer vom Rand der Form lösen und auskühlen lassen.

FÜR DIE CREME
400 ml Sahne 35%
100 g Zucker
1½ Zitronen, Saft

Die Sahne mit dem Zucker steif schlagen. Den Zitronensaft unterrühren. Den Tortenboden quer durchschneiden, die Hälfte der Zitronencreme auf dem unteren Boden verteilen, mit dem zweiten Boden bedecken und die restliche Creme gleichmäßig darauf verteilen.

FÜR DIE GARNITUR
½ Zitrone
Schokostreusel

Die Torte nach Belieben mit Zitronenscheiben und Schokostreuseln verzieren.

MEINE TIPPS
Öffnen Sie in den ersten 15 Minuten auf keinen Fall die Tür Ihres Backofens! Der Teig könnte sonst zusammenfallen.
Um zu erkennen, wann der Biskuitboden fertig gebacken ist, hilft Ihnen der folgende Trick. Wenn die Oberfläche schon recht gut aussieht, stechen Sie mit einem Holzstäbchen in die dickste Stelle des Teiges. Kleben beim Herausziehen keine Teigreste an dem Stäbchen, dann können Sie den Boden aus dem Backofen holen.

WEISSE SCHOKOLADEN TORTE

PUBERTÄT

Woran erkennt man, dass Kinder in die Pubertät kommen?
Wenn die Eltern anfangen, schwierig zu werden.
Auch unsere zwei wunderbaren Töchter hatten in der Pubertät ihre Tücken. Einmal hatte ich ein wichtiges Abendessen. Nadia war nicht da, und so bat ich meine jüngere Tochter Sandra für einige Stunden um Hilfe. Es war Samstagabend und sie hatte bereits eine Verabredung mit ihren Freunden; diese konnte sie anscheinend nicht absagen. Dann anstatt einer Hilfe in der Küche fand ich einen Zettel mit folgenden Worten:
„Ich liebe meine Mami."
♡♡♡ Sandra ♡♡♡

WEISSE SCHOKOLADENTORTE

Springform: 24/26 cm Ø
Backtemperatur: 180 Grad
Backzeit: etwa 30-45 Minuten
Kühlzeit: etwa 2,5 Stunden

FÜR DEN BISKUITBODEN
4 Eier
150 g Zucker
100 g Mehl
50 g Speisestärke
1 EL Vanillezucker
1 TL Backpulver

Eier und Zucker etwa 8 Minuten lang schaumig schlagen, bis die Masse hellgelb und cremig ist. Mehl, Speisestärke, Vanillezucker und Backpulver vermischen und mit einem Silikonspachtel vorsichtig unter die Ei-Zucker-Masse heben. Eine Springform mit Backpapier auslegen, die Biskuitmasse einfüllen und glatt streichen. Im vorgeheizten Backofen auf der unteren Schiene backen. Gleich nach dem Backen den Boden mit einem Messer vom Rand der Form lösen und auskühlen lassen.

FÜR DIE CREME
250 g weiße Schokolade
400 ml Sahne 35 %

Die weiße Schokolade im warmen Wasserbad schmelzen lassen. Die Sahne steif schlagen und die geschmolzene Schokolade zügig unterrühren. Den Tortenboden quer durchschneiden, die Hälfte der Creme auf dem unteren Boden verteilen, mit dem zweiten Boden bedecken und die restliche Creme gleichmäßig darauf verteilen und glätten. Im Kühlschrank gut durchkühlen lassen.

FÜR DIE GARNITUR
150 g weiße Schokolade
etwas geschlagene Sahne

Die Schokolade im Wasserbad schmelzen; Deko-Silikon-Matte oder einen Streifen Luftpolsterfolie dünn mit Schokolade bestreichen; etwa 1 Stunde im Gefrierfach auskühlen lassen; Schokolade aus der Form lösen und die Torte beliebig damit garnieren. Die Schokoverzierung am Tortenrand mit Sahne befestigen.

KAFFEE CREME TORTE

HOCHZEITSGESCHENK

Als ich klein war, bewunderte ich immer das blau schimmernde Kaffeeservice im Glasschrank meiner Oma. Eines Tages sagte sie: „Kind, wenn ich sterbe, bekommst du dieses Geschirr." Beim nächsten Besuch fragte ich Oma: „Oma, wann stirbst du?" Das war natürlich nicht so angebracht. Am Tag meiner Hochzeit kam Oma mit einem Karton, darin befand sich mein Geschenk: dieses Geschirr. Oma meinte: „Ich geb's dir doch noch zu Lebzeiten." Das war mein schönstes Hochzeitsgeschenk.

ZUTATEN

FÜR DEN BISKUITBODEN
4 Eier
150 g Zucker
100 g Mehl
50 g Speisestärke
1 EL Vanillezucker
1 TL Backpulver

FÜR DIE CREME
400 ml Sahne 35%
100 g Zucker
2 Espresso, kalt

FÜR DIE GARNITUR
Kakaopulver
Schokokaffeebohnen

KAFFEECREMETORTE

Springform: 24/26 cm Ø
Backtemperatur: 180 Grad
Backzeit: etwa 30-45 Minuten
Kühlzeit: etwa 3 Stunden

Eier und Zucker etwa 8 Minuten lang schaumig schlagen, bis die Masse hellgelb und cremig ist. Mehl, Speisestärke, Vanillezucker und Backpulver vermischen und mit einem Silikonspachtel vorsichtig unter die Ei-Zucker-Masse heben. Eine Springform mit Backpapier auslegen, die Biskuitmasse einfüllen und glatt streichen. Im vorgeheizten Backofen auf der unteren Schiene backen. Gleich nach dem Backen den Boden mit einem Messer vom Rand der Form lösen und auskühlen lassen.

Sahne mit Zucker steif schlagen und den kalten Espresso vorsichtig einrühren.

Den Tortenboden quer durchschneiden, die Hälfte der Kaffeecreme auf dem unteren Boden verteilen, mit dem zweiten Boden bedecken. Die restliche Creme gleichmäßig darauf verteilen und glatt streichen. Nach Belieben mit Kakaopulver und Schokokaffeebohnen verzieren.

MEINE TIPPS

Öffnen Sie in den ersten 15 Minuten auf keinen Fall die Tür Ihres Backofens! Der Teig könnte sonst zusammenfallen. Um zu erkennen, wann der Biskuitboden fertig gebacken ist, hilft Ihnen der folgende Trick. Wenn die Oberfläche schon recht gut aussieht, stechen Sie mit einem Holzstäbchen in die dickste Stelle des Teiges. Kleben beim Herausziehen keine Teigreste an dem Stäbchen, dann können Sie den Boden aus dem Backofen holen.
Sie können den Espresso auch durch Instantkaffee ersetzen. Dafür 3 Teelöffel Pulver in 2 Esslöffeln heißem Wasser auflösen und vorsichtig unter die steife Sahne rühren.

MILCHSCHNITTENTORTE

HUNDERTWASSER

Sara bemängelt, dass meine Kuchen manchmal nicht sehr schön in Form sind. Aber sie sagt, sie schmecken so gut, dass sie auch schief sein dürfen. Ich bin der „Hundertwasser" unter den Kuchenbäckern.

MILCHSCHNITTENTORTE

Springform: 24/26 cm Ø
Backtemperatur: 180 Grad
Backzeit: etwa 45 Minuten
Kühlzeit: etwa 2,5 Stunden

FÜR DEN BODEN
200 g Schokolade 70%
150 g Butter
4 Eier
100 g Zucker
2 EL Maisstärke
1 Msp. Weinsteinbackpulver
1 TL Vanillezucker

Schokolade und Butter im Wasserbad bei niedriger Hitze schmelzen lassen. Die Eier trennen. Das Eiweiß mit dem Handrührgerät oder der Küchenmaschine bei mittlerer Stufe leicht schaumig schlagen. Den Zucker einrieseln lassen und so lange weiterschlagen, bis der Eischnee steif und glänzend ist. Die Schoko-Butter-Mischung, Maisstärke, Weinsteinbackpulver, Eigelb und Vanillezucker einrühren. Eine Springform mit Backpapier auslegen, den Teig einfüllen und im vorgeheizten Backofen auf der unteren Schiene backen.

FÜR DIE CREME
2 Blatt Gelatine
250 ml Milch 3,5%
60 g Zucker
1 EL Vanillezucker
200 ml Sahne 35%

Die Gelatine in reichlich kaltem Wasser etwa 5 Minuten einweichen. Milch mit Zucker und Vanillezucker bis kurz vor den Siedepunkt erhitzen. Die Gelatineblätter gut ausdrücken, zur Milch geben und so lange rühren, bis sie aufgelöst sind. Auf Zimmertemperatur abkühlen lassen. Die Sahne vorsichtig schlagen und in die erkaltete Milchmasse schnell unterrühren. Die Creme auf dem Tortenboden verstreichen. Im Kühlschrank gut durchkühlen lassen.

MEINE TIPPS
Verwenden Sie zum Schlagen des Eischnees unbedingt eine große, fettfreie Schüssel!
Die Milchmasse soll nicht zu sehr abgekühlt sein, damit sie sich noch gut mit der Sahne vermischt. Sollte sie zu kalt sein, nochmals kurz erwärmen.
Da dieser Kuchen glutenfrei ist, verwende ich Weinsteinbackpulver.

MAULWURFTORTE

Diese Torte steht auf der Kuchenhitliste unseres Cafés ganz oben. Ob Groß oder Klein – sie wird von allen geliebt und weiterempfohlen. So kam es, dass ich eines Tages hörte, wie ein Gast auf der Terrasse folgendes Telefonat führte: „Ich bin hier auf der Alm und genieße gerade eine Murmeltiertorte."

FRISEURBESUCH

Michael war gerade etwa zehn Monate alt und Evi zwei Jahre. Sie hatte wunderschöne blonde Haare mit Löckchen. Mutter war auf dem Feld, und ich sollte als älteste Schwester zu Hause auf sie aufpassen. Da kam mir eine Idee, wie ich Mutter etwas entlasten könnte. Ich badete beide Kinder. Da damals das Wasser noch über einen Boiler beheizt wurde, war es eiskalt. Beide schrien und so dauerte das Bad nicht allzu lange. Doch dann verpasste ich meiner Schwester auch noch einen trendigen Haarschnitt. Ich wollte ihr einen Pony schneiden, geriet aber schief und schnitt immer weiter, bis vorne keine Haare mehr waren. Als Mutter heimkam, rief ich, noch bevor sie Evi sah: „Überraschung, ich habe die Kinder gebadet!" Meine Mutter erschrak und schrie: „Das Wasser ist ja eiskalt." Ich beschwichtigte: „Nein, als sie blau waren, habe ich sie gleich herausgefischt! Ach, und ich habe Evi ein bisschen die Haare gestutzt." Welch ein Schock! Als Mutter Evi sah, weinte sie. Sofort lief sie mit ihr zum Friseur. Ich ging mit und hörte den Friseur sagen: „Kathi, da können wir nichts mehr tun. Aber es ist ein Schaden, der auswächst."

MAULWURFTORTE

Springform: 24/26 cm Ø
Backtemperatur: 180 Grad
Backzeit: etwa 45 Minuten
Kühlzeit: etwa 3 Stunden

FÜR DEN BODEN

5 Eier
200 g Zucker
190 g Mehl
100 g Schokosplitter
1 EL Vanillezucker
1 TL Backpulver
2 Bananen

Eier und Zucker etwa 8 Minuten lang schaumig schlagen, bis die Masse hellgelb und cremig ist. Mehl, Schokosplitter, Vanillezucker und Backpulver vermischen und mit einem Silikonspachtel vorsichtig unter die Ei-Zucker-Masse heben. Eine Springform mit Backpapier auslegen, den Teig einfüllen, glatt streichen und auf der unteren Schiene backen. Gleich nach dem Backen den Kuchen mit einem Messer von der Form lösen und auskühlen lassen. Anschließend mit einem Löffel aushöhlen, sodass Boden und Rand übrig bleiben. Kuchenbrösel beiseite stellen. Bananen in Scheiben schneiden und den Kuchenboden damit auslegen.

FÜR DIE CREME

500 ml Sahne 35%
1 EL Zucker
1 EL Vanillezucker

Die Sahne mit dem Zucker steif schlagen. Bis auf eine Handvoll, die Kuchenbrösel mit Vanillezucker unter die süße Sahne mischen. Die Creme hügelförmig auf die Torte geben und die restlichen Kuchenbrösel darauf verstreuen. Im Kühlschrank gut durchkühlen lassen.

MEIN TIPP

Im Sommer kann man statt der Bananen auch Erdbeeren verwenden.

STRACCIATELLA ERDBEER TORTE

SPIONAGE BEI MARIANNA

Unsere Nachbarin Marianna war ein altes Fräulein mit einer Magd namens Fanny. Sie war die einzige Tochter des Thalerhofes, des reichsten Bauern der Umgebung. Marianna war jedoch ledig geblieben, da sie etwas zu wählerisch war. Als Kinder hatten wir höllischen Respekt vor ihr. Sie hatte etwas Geheimnisvolles und ihr großes Haus wirkte sehr furchteinflößend, denn niemand war je dort. Während des Schulunterrichtes tauschten meine beste Freundin Maria-Rosa und ich Zettel mit der Aufschrift „SBM um 4 Uhr". Das bedeutete „Spionage bei Marianna", und so schlichen wir über den Schweinestall in dieses Haus. Während wir unten die Stimme der Alten hörten, schlichen wir uns in das Obergeschoss. Es war Spannung pur. Wir durchstöberten alles. Sie hatte Schränke voller Sachen von anno dazumal und hortete Hunderte von Zeitungen. Zuhause wurde dann das Gesehene aufgearbeitet. Allerhand Geschichten haben wir uns über sie ausgedacht. In unserer Fantasie war Marianna eine alte Hexe, die sich eine Sklavin hielt – und wir vermuteten noch ein gruseliges Geheimnis. Unsere Suche danach blieb jedoch leider erfolglos, da uns unsere Eltern auf die Schliche kamen und somit unsere Spionageaktion unfreiwillig beendet wurde.

STRACCIATELLA-ERDBEER-TORTE

Springform: 24/26 cm Ø
Backtemperatur: 180 Grad
Backzeit: etwa 45 Minuten
Kühlzeit: etwa 2,5 Stunden

FÜR DEN BODEN

4 Eiweiß
150 g Zucker
100 g Haselnüsse, gerieben
100 g Schokolade 70%, gerieben
2 EL Maisstärke
1 TL Weinsteinbackpulver
1 Eigelb

Das Eiweiß mit dem Handrührgerät oder der Küchenmaschine bei mittlerer Stufe leicht schaumig schlagen. Den Zucker einrieseln lassen und so lange weiterschlagen, bis der Eischnee steif und glänzend ist. Nüsse, Schokolade, Maisstärke, Weinsteinbackpulver vermischen und zusammen mit dem Eigelb unter den Eischnee heben. Eine Springform mit Backpapier auslegen, den Teig einfüllen und im vorgeheizten Backofen backen. Gleich nach dem Backen mit einem Messer aus der Form lösen und auskühlen lassen. Den Tortenboden auf einen Tortenteller stürzen und das Backpapier entfernen.

FÜR BELAG UND CREME

200 g frische Erdbeeren
3 Blatt Gelatine
50 ml Eierlikör
400 ml Sahne 35%
1 EL Zucker
1 EL Vanillezucker
100 g Schokolade 70%, klein gehackt

Erdbeeren waschen, halbieren und auf dem Tortenboden verteilen. Die Gelatine in reichlich kaltem Wasser etwa 5 Minuten einweichen. Den Eierlikör erwärmen. Die Gelatineblätter gut ausdrücken, zum Eierlikör geben und so lange rühren, bis sie aufgelöst sind. Die Sahne mit dem Zucker steif schlagen. Die Eierlikör-Gelatine-Mischung und Vanillezucker in die Sahne rühren und die Schokosplitter unterheben. Die Creme gleichmäßig auf dem Tortenboden verstreichen und mit Erdbeeren beliebig garnieren. Im Kühlschrank gut durchkühlen lassen.

MEINE TIPPS

Verwenden Sie zum Schlagen des Eischnees unbedingt eine große, fettfreie Schüssel! Natürlich können Sie das Weinsteinbackpulver auch durch normales Backpulver ersetzen. Allerdings ist die Torte dann nicht mehr glutenfrei!
Auch andere Beerenfrüchte wie Himbeeren, Brombeeren, Heidelbeeren, Johannisbeeren oder Preiselbeeren eignen sich wunderbar für diese Torte.

glutenfrei

ERDBEERTORTE

MUTTERTAG

Mein arbeitsintensivster Tag im ganzen Jahr! Alle Muttis, Schwiegermuttis und Omas werden am Nachmittag zu Kaffee und Kuchen ausgeführt. Nadia, unsere Tochter, war sechs Jahre alt und frühstückte im Nebenraum meiner Küche. Die Tür war offen, damit ich sie im Blick hatte. Ich war bereits bei der neunten Torte und voll im Stress. Auf einmal sagte sie: „Mami, ich kann nicht zusehen, wie du dich am Muttertag abschuftest! Bitte mach die Tür zu."

ERDBEERTORTE

Springform: 24/26 cm Ø
Backtemperatur: 180 Grad
Backzeit: etwa 45 Minuten
Kühlzeit: etwa 2 Stunden

FÜR DEN BISKUITBODEN
4 Eier
150 g Zucker
100 g Mehl
50 g Speisestärke
1 EL Vanillezucker
1 TL Backpulver

Eier und Zucker etwa 8 Minuten lang schaumig schlagen, bis die Masse hellgelb und cremig ist. Mehl, Speisestärke, Vanillezucker und Backpulver vermischen und mit einem Silikonspachtel vorsichtig unter die Ei-Zucker-Masse heben. Eine Springform mit Backpapier auslegen, die Biskuitmasse einfüllen und glatt streichen. Im vorgeheizten Backofen auf der unteren Schiene backen. Gleich nach dem Backen den Boden mit einem Messer vom Rand der Form lösen und auskühlen lassen.

FÜR DIE CREME
300 ml Sahne 35%
80 g Zucker
250 g Magerquark
1 EL Vanillezucker

Die Sahne mit dem Zucker steif schlagen. Anschließend den Quark und den Vanillezucker rasch einrühren. Den Tortenboden quer durchschneiden. Die Hälfte der Quarkcreme auf dem unteren Boden verteilen, mit dem zweiten Boden bedecken und die restliche Creme gleichmäßig darauf verteilen.

WEITERES
200 g frische Erdbeeren
1 Pkg. Gelatinepulver

Die Erdbeeren waschen und vorsichtig abtrocknen, halbieren und schön auf der Torte anordnen. Die Gelatine wie auf der Packung beschrieben zubereiten. Die Früchte mit einem Backpinsel mit reichlich Gelatine bestreichen. In den Kühlschrank stellen.

MEINE TIPPS
Sie können auch andere Früchte für dieses Rezept verwenden.
Obsttorten sind nicht lange haltbar, deshalb empfehle ich, sie frisch zu genießen.

MOHN QUARK TORTE

BABYSITTEN MIT BIENENSTICH

Wir waren drei Buben und zwei Mädchen. Als Zweitgeborene musste ich regelmäßig auf die kleinen Geschwister aufpassen. Ich war sechs Jahre alt, als meine Schwester Evi das Licht der Welt erblickte. In ihrem ersten Lebensjahr schickte mich deshalb Mutter in den Sommermonaten vormittags mit Baby Evi im Kinderwagen spazieren. Meine Mutter hatte sehr viel Arbeit und ich sollte sie ein wenig entlasten. Was tat ich? Ich hatte für die Vormittage andere Pläne. So startete ich mit dem Kind, versteckte es bei einem entfernten Nachbarn hinter dem Hühnerstall und ging mit den anderen Kindern, meistens mit Mariedl, Johanna und Annelies, zum Spielen. Als die Mittagszeit nahte, holte ich Evi wieder ab und ging heim. Bis eines Tages ein Zwischenfall meine Pläne durchkreuzte. Ich kam zu Evi, hörte sie schreien und sah, dass ihr Gesicht angeschwollen war. Sie war von einer Biene gestochen worden. Mutter war alles andere als erfreut, denn dadurch kam sie mir auf die Schliche.

MOHN-QUARK-TORTE

Springform: 24/26 cm Ø
Backtemperatur: 180 Grad
Backzeit: etwa 45 Minuten
Kühlzeit: etwa 2,5 Stunden

FÜR DEN BISKUITBODEN
4 Eier
150 g Zucker
1 EL Vanillezucker
100 g Mohn, gemahlen
50 g Maisstärke
1 TL Weinsteinbackpulver

Eier und Zucker etwa 8 Minuten lang schaumig schlagen, bis die Masse hellgelb und cremig ist. Vanillezucker, Mohn, Maisstärke und Weinsteinbackpulver vermischen und mit einem Silikonspachtel vorsichtig unter die Ei-Zucker-Masse heben. Eine Springform mit Backpapier auslegen, die Biskuitmasse einfüllen und glatt streichen. Im vorgeheizten Backofen auf der unteren Schiene backen. Gleich nach dem Backen den Boden mit einem Messer vom Rand der Form lösen und auskühlen lassen.

FÜR DIE CREME
350 ml Sahne 35%
100 g Zucker
250 g Quark
1 EL Vanillezucker

Die Sahne mit dem Zucker steif schlagen. Quark und Vanillezucker zügig unterrühren. Das Mohnbiskuit auf eine Tortenplatte stürzen, Backpapier entfernen. Den Boden wieder umdrehen, da die Torte eine Ausbuchtung hat. Die fantastische Quarkcreme dort hineingeben und glatt streichen.

FÜR DEN FRUCHTSPIEGEL
1 Blatt Gelatine
100 g Früchte
1 EL Zucker

Die Gelatine in reichlich kaltem Wasser etwa 5 Minuten einweichen. Früchte und Zucker mit einem Mixstab pürieren und bei mittlerer Hitze erwärmen. Die Gelatine gut ausdrücken, dazugeben und so lange rühren, bis sie aufgelöst ist. Etwas auskühlen lassen und die Fruchtmasse rund auf dem Kuchen verteilen. Einen etwa 3 cm breiten Rand frei lassen. Im Kühlschrank gut durchkühlen lassen. Nach Belieben garnieren.

MEINE TIPPS
Den Mohn immer frisch mahlen, da er ölig ist und sonst schnell ranzig werden kann. Für den Fruchtspiegel eignen sich besonders Erdbeeren, Himbeeren, Heidelbeeren, aber auch Kiwi, Kaki und Orangen.

SCHWARZWÄLDER HIMBEERTORTE

UNSER NACHBAR & DIE FORELLE

Als wir Kinder waren, gab es bei uns zu Hause mindestens einmal pro Woche Forelle. Unser Vater war Fischer und zudem wohnten wir direkt neben einem Bach. Eines Abends hatte meine Mutter herrlich duftende Forellen in der Pfanne, als ein Bauer aus der Nachbarschaft zur Tür hereinkam. „Oh!", rief er, „Kathi, du machst heute meine Leibspeise: Forelle!" Mutter sagte: „Setz dich, ich habe auch für dich einen Fisch, wenn du diesen so gern magst." Er freute sich, setzte sich und bekam als Erster den Fisch, wie es sich für einen Gast gehört. Und jetzt kam die Katastrophe: Er nahm Messer und Gabel und schnitt den ganzen Fisch in Stücke wie ein Schnitzel. So hatte er sich verraten, nämlich, dass er in seinem Leben noch keine einzige Forelle gegessen hatte. Wir konnten uns das Lachen natürlich nicht verkneifen.

Auf unserer Terrasse saß eine nette Familie und genoss die Schwarzwälder Himbeertorte; nur Oma durfte sich keine Torte bestellen, da sie wohl an Diabetes litt. Oma musste kurz das stille Örtchen aufsuchen und bestellte sich bei dieser Gelegenheit bei mir ein großes Stück dieser Torte, das sie heimlich verspeisen wollte. Sie meinte, ihre Schwiegertochter sei übervorsichtig mit der Gesundheit – aus Angst, sie einmal pflegen zu müssen. Ich reichte ihr den Kuchenteller, Oma öffnete ihr schmales, schwarzes Ledertäschchen mit Klappverschluss, kippte die Torte hinein, klappte die Tasche zu und verschwand wieder auf die Terrasse …

ZUTATEN

FÜR DEN BISKUITBODEN

4 Eier
150 g Zucker
100 g Mehl
50 g Speisestärke
1 EL Vanillezucker
1 TL Backpulver
2 EL Kakaopulver

FÜR DIE CREME

400 ml Sahne 35%
100 g Zucker
1 EL Vanillezucker

WEITERES

5 EL Rum
40 frische Himbeeren
100 g Schokoladenraspel

SCHWARZWÄLDER HIMBEERTORTE

Springform: 24/26 cm Ø
Backtemperatur: 180 Grad
Backzeit: etwa 45 Minuten
Kühlzeit: etwa 2,5 Stunden

Eier und Zucker etwa 8 Minuten lang schaumig schlagen, bis die Masse hellgelb und cremig ist. Mehl, Speisestärke, Vanillezucker, Backpulver und Kakaopulver vermischen und mit einem Silikonspachtel vorsichtig unter die Ei-Zucker-Masse heben. Eine Springform mit Backpapier auslegen, die Biskuitmasse einfüllen und glatt streichen. Im vorgeheizten Backofen auf der untersten Schiene backen. Gleich nach dem Backen den Boden mit einem Messer vom Rand der Form lösen und auskühlen lassen.

Die Sahne mit dem Zucker steif schlagen. Anschließend den Vanillezucker dazugeben und unterrühren.

Den Tortenboden quer durchschneiden, beide Hälften mit Rum beträufeln. Die Hälfte der Sahnecreme und der Himbeeren auf dem unteren Boden verteilen, mit dem zweiten Boden bedecken und die restliche Creme gleichmäßig darauf verteilen. Mit dem Messerrücken ein wellenförmiges Muster ziehen. Mit den restlichen Himbeeren und mit Schokoladenraspeln nach Belieben verzieren und kühl stellen.

MEINE TIPPS
Anstatt der Himbeeren eignen sich auch Erdbeeren oder Kirschen. Damit Kinder diesen Kuchen auch genießen können, kochen Sie den Rum zusammen mit 5 EL Wasser etwa 5 Minuten auf, ehe Sie den Tortenboden damit beträufeln. Der Alkohol ist dann verflogen, aber der Geschmack bleibt. Oder Sie verzichten ganz auf den Rum.

BANANEN SCHOKOMOUSSE TORTE

DIE SANTER-OMA

Die Santer-Oma war unsere Großmutter mütterlicherseits. Sie war immer sehr nett und gutgläubig. Mit 20 Jahren hatte ich bereits drei Jahre lang im Hotel gearbeitet, deshalb entschieden meine Freundin Renate und ich, eine größere Reise zu buchen. Unser Ziel war Sri-Lanka – zwei Wochen wunderbarer Strandurlaub. Braungebrannt zurück, erzählte ich meiner Oma von der Reise. Sie schüttelte immer wieder den Kopf und meinte: „Nein – so weit, so weit weg und dann auch noch mit dem Flugzeug!" Ich wollte scherzen und sagte: „Das ist noch gar nichts, Oma, nächstes Jahr fliegen wir auf den Mond." Sie guckte mich an und meinte entsetzt: „Na bitte! Fliegt nicht so weit weg!"

BANANEN-SCHOKOMOUSSE-TORTE

Springform: 24/26 cm Ø
Backtemperatur: 180 Grad
Backzeit: etwa 45 Minuten
Kühlzeit: etwa 2,5 Stunden

FÜR DEN BODEN
4 Eiweiß
150 g Zucker
100 g Haselnüsse, gerieben
100 g Schokolade 70%, gerieben
2 EL Maisstärke
1 TL Weinsteinbackpulver
1 Eigelb

Das Eiweiß mit dem Handrührgerät oder der Küchenmaschine bei mittlerer Stufe leicht schaumig schlagen. Den Zucker einrieseln lassen und so lange weiterschlagen, bis der Eischnee steif und glänzend ist. Nüsse, Schokolade, Maisstärke, Weinsteinbackpulver vermischen und zusammen mit dem Eigelb unter den Eischnee heben. Eine Springform mit Backpapier auslegen, den Teig einfüllen und im vorgeheizten Backofen backen. Den Boden sofort nach dem Backen mit einem Messer aus der Form lösen und auskühlen lassen. Den Tortenboden auf einen Tortenteller stürzen und das Backpapier entfernen.

FÜR BELAG UND CREME
3 EL Rum
2 reife Bananen
150 g Schokolade 70%
400 ml Sahne 35%

Den Tortenboden mit Rum beträufeln. Bananen in Scheiben schneiden und den Boden damit belegen. Die Schokolade im warmen Wasserbad schmelzen lassen. Die Sahne steif schlagen und die flüssige Schokolade rasch unter die Sahne rühren. Die Creme auf dem Tortenboden verstreichen. Im Kühlschrank gut durchkühlen lassen.

MEINE TIPPS
Verwenden Sie zum Schlagen des Eischnees unbedingt eine große, fettfreie Schüssel!
Kinder lieben diese Torte! Damit sie sie auch genießen können, kochen Sie den Rum zusammen mit 3 EL Wasser etwa 5 Minuten auf, ehe Sie den Tortenboden damit beträufeln. Der Alkohol ist dann verflogen, aber der Geschmack bleibt. Oder Sie verzichten ganz auf den Rum.
Natürlich können Sie das Weinsteinbackpulver auch durch normales Backpulver ersetzen. Allerdings ist die Torte dann nicht mehr glutenfrei!

SCHOKO MINZE TORTE

In Anlehnung an die köstlichen Minzblättchen mit Schokoüberzug kreierte ich diese Torte. Bei ihr verhält es sich wie bei Oliven, Kapern und Rollmops: Liebe oder Hass – es gibt keinen Mittelweg.

BACKE, BACKE KUCHEN ...

In weiser Voraussicht, dass aus mir einmal eine gute Kuchenbäckerin werden könnte, schenkte mir meine Taufpatin zum sechsten Geburtstag ein Kinderbackset. Ganz bunt mit Förmchen, Nudelholz, Sieb und allem, was ein guter Kuchenbäcker eben so braucht. Das musste so schnell wie möglich ausprobiert werden. Meine Freundin Mariedl und ich nutzten die Gelegenheit, als Mutter in der Stube einen riesengroßen Stapel Wäsche bügelte. Die Küche war frei und die Luft rein. Wir suchten die größte Schüssel, die Mutter im Schrank hatte, und los ging's mit dem Backen. Mariedl sagte: „Was glaubst du – wie viele Eier muss man für einen Kuchen nehmen?" Ich erwiderte: „Mindestens 20!" Dann folgten ein Kilo Butter, ein Kilo Zucker und extra viel Mehl. Wir rührten, waren bis zu den Haaren voller Mehl, und die Küche war im Nu total verwüstet. Plötzlich betrat Mutter die Küche, um sich Wasser für das Bügeleisen zu holen. Zeter und Mordio folgten ... Mariedl traute sich fast nicht mehr heim, da ihre Schürze so schmutzig war. Ich sagte dazu nur: „Deine Probleme möchte ich haben!" Vorerst bekam ich Küchenverbot aufgebrummt und von da an öfters die Worte meiner Mutter zu hören: „Also Kind – derjenige, der dich einmal heiratet, tut mir jetzt schon leid!" Mutter wollte die wertvollen Zutaten nicht wegwerfen und zauberte daraus einen völlig ungenießbaren Gitterkuchen – hart wie Stahl.

SCHOKO-MINZE-TORTE

Springform: 24/26 cm Ø
Backtemperatur: 180 Grad
Backzeit: etwa 45 Minuten
Kühlzeit: etwa 2,5 Stunden

FÜR DEN BODEN
4 Eiweiß
150 g Zucker
100 g Haselnüsse, gerieben
100 g Schokolade 70%, gerieben
2 EL Maisstärke
1 TL Weinsteinbackpulver
1 Eigelb

Das Eiweiß mit dem Handrührgerät oder der Küchenmaschine bei mittlerer Stufe leicht schaumig schlagen. Den Zucker einrieseln lassen und so lange weiterschlagen, bis der Eischnee steif und glänzend ist. Nüsse, Schokolade, Maisstärke, Weinsteinbackpulver vermischen und zusammen mit dem Eigelb unter den Eischnee heben. Eine Springform mit Backpapier auslegen, den Teig einfüllen und im vorgeheizten Backofen backen. Gleich nach dem Backen mit einem Messer aus der Form lösen und auskühlen lassen. Den Tortenboden auf einen Tortenteller stürzen und das Backpapier entfernen.

FÜR DIE CREME
3 Blatt Gelatine
200 ml Minzsirup
400 ml Sahne 35%
100 g Schokosplitter 70%

Die Gelatine in reichlich kaltem Wasser etwa 5 Minuten einweichen. 100 ml Minzsirup erwärmen, die Gelatineblätter gut ausdrücken und im warmen Minzsirup einrühren bis sie vollständig aufgelöst sind. Vom Herd nehmen und den restlichen Sirup dazugeben. Die Sahne steif schlagen, den Minzsirup unter ständigem Rühren langsam in die steife Sahne einfließen lassen. Die Schokosplitter unterheben. Die Minzcreme gleichmäßig auf dem Tortenboden verteilen, glatt streichen und kühl stellen.

MEINE TIPPS
Verwenden Sie zum Schlagen des Eischnees unbedingt eine große, fettfreie Schüssel! Natürlich können Sie das Weinsteinbackpulver auch durch normales Backpulver ersetzen. Allerdings ist die Torte dann nicht mehr glutenfrei!

APFEL &
HAFERFLOCKEN

ALLE TRAURIGKEIT VERGEHT

Ich freue mich immer, wenn ich Komplimente für meine Kuchen bekomme. Einige Komplimente waren jedoch besonders schön. Zum Beispiel von Silvia. Die Italienischlehrerin unserer kleinen Schule wurde vor zwei Jahren von einer anderen Schule an die Grundschule nach Oberwielenbach versetzt. Als sie dies am Ende des Schuljahres ihren damaligen Schülern mitteilte, meldete sich ein Schüler und meinte: „Wenn Sie dort einmal traurig sind, dann gehen Sie ins Pyramidencafe. Dort gibt es so guten Kuchen, dass alle Traurigkeit vergeht."

APFEL & HAFERFLOCKEN

Springform: 24/26 cm Ø
Backtemperatur: 180 Grad
Backzeit: etwa 45-60 Minuten
Kühlzeit: etwa 30 Minuten

FÜR DIE FÜLLUNG
5 Äpfel
1 EL Zucker
1 TL Zimt
1 EL Brotbrösel
2 EL Zitronensaft

Die Äpfel schälen und fein raspeln, mit Zucker, Zimt, Brotbröseln und Zitronensaft vermischen.

FÜR DEN RÜHRTEIG
150 g Butter
3 Eier
150 g Zucker
150 g Haferflocken
50 g Mehl
1 EL Vanillezucker
1 TL Backpulver
1 EL Zitronenschale, gerieben

Die Butter im warmen Wasserbad schmelzen lassen. Eier und Zucker etwa 8 Minuten lang schaumig schlagen, bis die Masse hellgelb und cremig ist. Haferflocken, Mehl, Vanillezucker, Backpulver und geriebene Zitronenschale vermischen. Abwechselnd das Mehlgemisch und die Butter vorsichtig in die Ei-Zucker-Masse rühren.
Drei Viertel des Teiges in die mit Backpapier ausgelegte Springform geben, das Apfelgemisch gleichmäßig darauf verteilen. Den restlichen Teig in kleinen Häufchen auf die Äpfel geben und im vorgeheizten Backofen backen.
Vollständig auskühlen lassen, aus der Form lösen und auf eine Tortenplatte geben.

MEINE TIPPS
Der Kuchen schmeckt lauwarm besonders gut – servieren Sie dazu z. B. eine Kugel Vanilleeis.
Sollten Sie sehr säuerliche Äpfel haben, einfach auf den Zitronensaft verzichten.

KAROTTENTORTE

DAS OSTERGRAB

Mein Opa war ein lustiger Zeitgenosse. Ein Künstler eben. Opa brach jährlich um die Osterzeit in den zirka sieben Kilometer entfernten Nachbarort Innichen auf. Er sagte zur Oma, er würde nach Innichen fahren, um das Ostergrab im Franziskanerkloster zu besichtigen. Er kam erst nach drei Tagen heim, ohne Geld und auch sonst etwas sonderbar. Er schwärmte: „Mütterchen, du hast gar keine Ahnung, dieses Ostergrab und die bunten Kugeln – einfach wunderbar", das müsse man einmal im Jahr gesehen haben, er hätte sonst keine Ruhe. Alles schön und gut, doch nach einiger Zeit erfuhr Oma, dass die Mönche dieses Grab seit Jahren nicht mehr aufstellten. Opas Traum war entzaubert, es musste ein neues Alibi her.

Gluten Free

KAROTTENTORTE

Springform: 24/26 cm Ø
Backtemperatur: 180 Grad
Backzeit: etwa 1 Stunde
Kühlzeit: etwa 30 Minuten

ZUTATEN
5 Eier
200 g Zucker
150 g Haselnüsse oder Mandeln, gerieben
50 g Maisstärke
250 g Karotten, geschält und geraspelt
½ unbehandelte Zitrone, Schale gerieben
1 TL Zimt
1 TL Weinsteinbackpulver
1 EL Vanillezucker

Die Eier trennen und das Eiweiß mit dem Handrührgerät oder der Küchenmaschine bei mittlerer Stufe leicht schaumig schlagen. Den Zucker einrieseln lassen und so lange weiterschlagen, bis der Eischnee steif und glänzend ist. Nüsse, Maisstärke, Karotten, geriebene Zitronenschale, Zimt, Weinsteinbackpulver und Vanillezucker vermischen und zusammen mit den Eigelben langsam unter den Eischnee heben. Eine Springform mit Backpapier auslegen, die Masse einfüllen und im vorgeheizten Backofen backen. Den Kuchen mit einem Messer aus der Form lösen und vollständig auskühlen lassen.

MEINE TIPPS
Verwenden Sie zum Schlagen des Eischnees unbedingt eine große, fettfreie Schüssel! Anstatt der Karotten können Sie Zucchini oder Kürbis verwenden, schmeckt auch sehr lecker. Gut verschlossen hält sich dieser Kuchen einige Tage.

Dieses einfache und zugleich köstliche Kirschkuchenrezept habe ich vor vielen Jahren meiner Firmpatin Barbara abgeluchst. Mein Kuchen ist nicht so lecker wie ihrer, aber er kommt ihm verdammt nahe.

KIRSCHKUCHEN

ALBERTS GEBURT

Mein Bruder Albert wurde 1959 als erstes Kind meiner Eltern geboren. Damals gab es weder Ultraschall noch sonstige Visiten bei Frauenärzten. Die Hebamme Rosa hatte als möglichen Termin den 10. Juli genannt. An diesem Tag kochte meine Mutter Marmeladen ein. Dabei verspürte sie ein leichtes Ziehen in der Bauchgegend. Anfangs glaubte sie, es liege an der warmen Marmelade, die sie während des Einkochens löffelweise schlürfte. Doch als das Ziehen stärker wurde, bestellte mein Vater ein Taxi und brachte Mutter ins Krankenhaus nach Innichen. Im Korridor des Spitals schaffte es Mutter gerade noch, ihre Nylonstrümpfe herunterzuziehen und Albert erblickte im Gang des Krankenhauses das Licht der Welt. Damals arbeiteten dort Ordensschwestern. Eine Schwester schrie empört: „So ein Skandal, der Vater bei der Geburt dabei!" Worauf mein Vater, niemals um eine Antwort verlegen, konterte: „Schwester, ob Sie es glauben oder nicht, ich war sogar dabei, als wir das Kind gezeugt haben."

KIRSCHKUCHEN

Springform: 24/26 cm Ø
Backtemperatur: 180 Grad
Backzeit: etwa 1 Stunde

ZUTATEN
200 g Butter
3 Eier
175 g Zucker
200 g Mehl
1 TL Backpulver
½ unbehandelte Zitrone, Schale gerieben
1 EL Vanillezucker
500 g frische Kirschen oder 1 Glas Sauerkirschen, entsteint

Die Butter im warmen Wasserbad schmelzen lassen. Eier und Zucker etwa 8 Minuten lang schaumig schlagen, bis die Masse hellgelb und cremig ist. Mehl, Backpulver, geriebene Zitronenschale und Vanillezucker vermischen.

Abwechselnd das Mehlgemisch und die Butter vorsichtig mit einem Silikonspachtel unter die Ei-Zucker-Masse heben. Eine Springform mit Backpapier auslegen, die Masse einfüllen, die Kirschen darauf verteilen und im vorgeheizten Backofen backen. Gleich nach dem Backen den Kuchen mit einem Messer aus der Form lösen.

MEINE TIPPS
Für diesen Kuchen eignet sich auch anderes Steinobst wie Pfirsiche, Mirabellen, Pflaumen, aber Sie können auch entkernte Trauben bzw. Stachelbeeren verwenden. Dieser Kuchen ist lauwarm verspeist ein Gedicht, hält sich jedoch gut einige Tage.

BUCH WEIZEN TORTE

SONNTAG: KEINE ZEIT

Am meisten Arbeit gibt es in unserem Betrieb im Sommer, und natürlich an den Wochenenden. So kann es sein, dass ich an einem Sonntagmorgen 18 Kuchen backe. Dies müssen unsere beiden Töchter Nadia und Sandra schon im Mutterleib erkannt haben, denn beide sind nicht an einem Sonntag, sondern an einem Montag geboren. Am Sonntag hatte Mama ja keine Zeit.

BUCHWEIZENTORTE

Springform: 24/26 cm Ø
Backtemperatur: 180 Grad
Backzeit: etwa 45 Minuten

FÜR DEN BODEN
200 g Butter
5 Eier
200 g Zucker
150 g Haselnüsse oder Mandeln, gerieben
150 g Buchweizenmehl, fein oder mittelfein
50 g Maisstärke
1 EL Vanillezucker
1 TL Weinsteinbackpulver
1 TL Zimt
1 Msp. Lebkuchengewürz

Die Butter im warmen Wasserbad schmelzen lassen. Eier und Zucker etwa 8 Minuten lang schaumig schlagen, bis die Masse hellgelb und cremig ist. Die geriebenen Nüsse, Buchweizenmehl, Maisstärke, Vanillezucker, Weinsteinbackpulver, Zimt und Lebkuchengewürz vermischen. Abwechselnd das Mehlgemisch und die Butter vorsichtig unter die Ei-Zucker-Masse rühren. Den Teig in die mit Backpapier ausgelegte Form füllen, glatt streichen und auf der unteren Schiene backen. Anschließend auskühlen lassen, mit einem Messer aus der Form lösen und auf einen Tortenteller stürzen.

WEITERES
300 g Preiselbeerkonfitüre
Staubzucker zum Dekorieren

Den Boden quer durchschneiden. Etwa drei Viertel der Konfitüre auf dem unteren Boden verteilen, mit dem zweiten Boden bedecken und die restliche Konfitüre rund darauf verstreichen. Einen etwa 3 cm breiten Rand frei lassen, der mit Staubzucker bestreut werden kann.

MEINE TIPPS
Die Buchweizentorte ist ein Klassiker der Südtiroler Küche. Dieses Rezept ist etwas kalorienleichter als das Original.
Am zweiten Tag schmeckt die Torte noch saftiger; sie hält sich mehrere Tage.
Anstatt der Preiselbeermarmelade kann man auch Erdbeer- oder Johannisbeermarmelade verwenden.

glutenfrei

SCHOKO NUSS KUCHEN

WEIHNACHTSKUGELN

Meine Großmutter väterlicherseits war sehr gut zu uns Enkelkindern und immer geduldig. Manchmal hat sie auf uns aufgepasst, wenn die Eltern etwas zu erledigen hatten. Es gab selten ein Nein, wenn sie bei uns war. Das konnte auch zu weit gehen, so wie damals, als mein Bruder Albert in der Stube begann, mit dem Luftdruckgewehr die schönen Weihnachtskugeln abzuschießen. Oma kam in die Stube, sah meinen Bruder und sagte: „Ah Bübchen, ich glaube, du darfst das nicht tun!" Worauf mein Bruder antwortete: „Eine noch, Oma und dann lass ich's." „Na gut", sagte sie, „eine darfst du noch abschießen."

SCHOKO-NUSS-KUCHEN

Kastenform aus Silikon: 30 cm
Backtemperatur: 180 Grad
Backzeit: etwa 45 Minuten
Kühlzeit: etwa 30 Minuten

FÜR DEN TEIG

100 g Haselnüsse, gerieben
150 g Schokolade 70%
150 g Butter
4 Eier
100 g Zucker
1 EL Vanillezucker
50 g Brotbrösel
1 TL Backpulver

Die geriebenen Haselnüsse in einer flachen Pfanne ohne Fett langsam und unter ständigem Rühren goldbraun rösten, auskühlen lassen. Die Schokolade mit der Butter im warmen Wasserbad schmelzen lassen. Die Eier trennen. Das Eiweiß mit dem Handrührgerät oder der Küchenmaschine bei mittlerer Stufe leicht schaumig schlagen. Den Zucker einrieseln lassen und so lange weiterschlagen, bis der Eischnee steif und glänzend ist. Die Nüsse mit Schokolade, Butter, Eigelb, Vanillezucker, Brotbröseln und Backpulver in die Eischneemasse einrühren. Den Teig in die Kastenform füllen und im vorgeheizten Backofen backen. Auskühlen lassen und aus der Form stürzen.

FÜR DIE GLASUR

2 EL Marillenkonfitüre
2 EL Wasser
50 ml Sahne 35%
50 g Nougat, in Stücke geschnitten

Die Konfitüre mit Wasser bei mittlerer Hitze erwärmen, bis sie streichfähig ist und den Kuchen damit bestreichen. Die Sahne bis kurz vor dem Siedepunkt erhitzen und das Nougat in der Sahne durch Verrühren auflösen. Den Nusskuchen mit der Nougat-Glasur bestreichen.

MEINE TIPPS

Statt einer Silikonform können Sie auch eine Blechform verwenden, die jedoch mit Butter eingefettet werden muss. Verwenden Sie zum Schlagen des Eischnees unbedingt eine große, fettfreie Schüssel!
Aus Rohmarzipan kleine Motive ausstechen und den Kuchen damit dekorieren. Wenn Sie die Brotbrösel durch Maisstärke und das Backpulver durch Weinsteinbackpulver ersetzen, wird der Kuchen glutenfrei.

LINZERTORTE

KLARE ANSAGEN

Eines Tages fragte mich meine jüngere Tochter Sandra, ob sie einmal alleine einen Kuchen backen dürfte. Da sie sechs Jahre alt war, konnte sie bereits die Waage lesen und so diktierte ich ihr nacheinander die Mengen der Zutaten. Ich hatte anderes zu tun, und ohne das Kind zu beobachten, fing ich an: „200 Gramm Mehl". Die Kleine wog und schüttete das Mehl in die Rührschüssel. „125 Gramm Zucker, etwas Vanillezucker!" „Gemacht, Mami." „125 Gramm Butter, in Stücke geschnitten." Sie schnippelte die Butter klein und gab sie zu den restlichen Zutaten. Ich freute mich, dass sie das so brav machte. „Ein Ei." „Das Ganze, Mami?" „Jawohl", und schon hörte ich einen Knall – sie hatte befolgt, was ich gesagt hatte und das Ei mit der Schale in die Schüssel geworfen. Mea Culpa … Wenn man ein Rezept weitergibt, sollte man sehr genau sein.

LINZERTORTE

Springform: 24/26 cm Ø
Backtemperatur: 170 Grad
Backzeit: etwa 1 Stunde

FÜR DEN TEIG
200 g Mehl
125 g Zucker
1 EL Vanillezucker
125 g Haselnüsse oder Mandeln, gerieben
1 TL Backpulver
1 TL Zimt
1 Msp. Lebkuchengewürz
1 Ei
125 g Butter, in kleine Würfel geschnitten

Alle Zutaten mit dem Rührgerät zu einem glatten Teig verkneten. Die Arbeitsfläche mit Mehl bestauben. Etwa zwei Drittel des Teiges mit dem Nudelholz gleichmäßig ausrollen. In die mit Backpapier ausgelegte Form geben. Das restliche Drittel beiseitestellen.

WEITERES
200 g Preiselbeerkonfitüre
⅓ des Teiges

Den Tortenboden gleichmäßig mit Preiselbeerkonfitüre bestreichen. Den restlichen Teig ausrollen, in Streifen schneiden und gitterförmig auf die Torte legen oder mit Keksausstechern verschiedene Teigfiguren ausstechen und den Kuchen damit dekorieren. Einen schmalen Rand modellieren und im vorgeheizten Backofen backen.

MEINE TIPPS
Natürlich können Sie – je nach Geschmack – auch andere Konfitüren für diesen Kuchen verwenden. Er schmeckt zwei Tage nach dem Backen am besten.
Bei der Verwendung von Lebkuchengewürz gilt: Weniger ist mehr. Eine Überdosis kann die Torte und die Bäckerin ungenießbar machen.

ORANGEN NUSS TORTE

DER TRAUM VOM MEER

Urlaub am Meer war für uns Kinder der 60er und 70er Jahre etwas, wovon wir nur träumen konnten. So spielten wir eben „Urlaub am Meer". Wir inszenierten diesen Badeurlaub mit den Puppen am Bach oder im Brunnen. Meine Freundin Mariedl fand auf dem Dachboden des alten Bauernhofes zwei alte Puppen aus Gips. Ich denke, dass diese Spielsachen heute einen beachtlichen materiellen Wert hätten. Wir brachten diese zwei Puppen ans „Meer". Nackt schwammen sie im Brunnen neben dem Haus. Wir flitzten unterdessen herum und hatten die Urlauber bald vergessen. Nach einigen Stunden wollten wir sie holen, doch im Brunnen schwammen nur noch vier Augen und zwei Drähte.

ORANGEN-NUSS-TORTE

Springform: 24/26 cm Ø
Backtemperatur: 180 Grad
Backzeit: etwa 45-60 Minuten

FÜR DEN TEIG
4 Eier
140 g Zucker
140 g Haselnüsse, fein gerieben
1 unbehandelte Orange, Schale und Saft
50 g Maisstärke
1 TL Weinsteinbackpulver
1 TL Zimt
1 EL Vanillezucker

Die Eier trennen. Das Eiweiß mit dem Handrührgerät oder der Küchenmaschine bei mittlerer Stufe leicht schaumig schlagen. Den Zucker einrieseln lassen und so lange weiterschlagen, bis der Eischnee steif und glänzend ist. Nüsse, Orangenschale, Orangensaft, Maisstärke, Weinsteinbackpulver, Zimt und Vanillezucker vermischen und zusammen mit dem Eigelb zügig unter den Eischnee heben. Eine Springform mit Backpapier auslegen, den Teig einfüllen und im vorgeheizten Backofen backen. Gleich nach dem Backen mit einem Messer aus der Form lösen und auskühlen lassen. Den Tortenboden auf einen Tortenteller stürzen und das Backpapier entfernen.

WEITERES
100 g Orangen- oder Marillenmarmelade
3 EL Wasser
Orangenzesten und halbierte Haselnüsse als Garnitur

Die Marmelade mit Wasser leicht erwärmen, bis sie streichfähig ist. Die Torte gleichmäßig damit bestreichen. Nach Belieben mit Orangenzesten und halbierten Haselnüssen garnieren.

MEINE TIPPS
Verwenden Sie zum Schlagen des Eischnees unbedingt eine große, fettfreie Schüssel!
Kandierte Orangenschalen eignen sich super als Garnitur und zum Vernaschen. Dazu 100 ml Wasser mit 100 g Zucker aufkochen, die Schale einer Orange in etwa 5 mm breite Streifen schneiden und diese etwa 20 Minuten im Zuckerwasser kochen lassen.

SACHERTORTE

HAND IM BRETT

Der Vater meiner Mutter war unser „Santer-Opa". Er war ein bescheidener, guter Mensch, lebte jedoch immer etwas in Angst. Der Krieg hatte ihm sehr zugesetzt, und seine Schwester war im Krieg verhungert. Das hat ihn ein Leben lang geprägt. Am Sonntag holte er immer zwei von uns fünf Kindern vormittags ab, um Mutter zu entlasten. Meistens traf es mich und meinen jüngeren Bruder Robert. Ich war die lebhaftere und Robert der ruhigere. Wir spazierten mit Opa oft im Wald Richtung Festung Heideck. An den Holzbänken hielten wir inne – Opa rauchte und wir spielten. An einem jener wunderbaren Sonntage gab es jedoch einen kleinen Zwischenfall. Robert entdeckte ein etwas größeres Astloch auf der Holzbank und schwupps steckte er sein kleines Händchen hinein. Leider wollte diese Hand absolut nicht mehr heraus. Opa war verzweifelt. Er drückte und zog. Die Hand schwoll immer mehr an, doch leider war nichts zu machen. Robert steckte in der Holzbank fest. Opa wusste keinen Rat mehr und wiederholte dauernd: „Wenn das so ist, kann ich euch zwei nicht mehr abholen. Das ist mir zu gefährlich." Da Opa keinen Ausweg mehr wusste, riss er das ganze 1,5 Meter lange Brett von der Bank ab, in dem die kleine Hand steckte. So zogen wir nun an einem Sonntagmorgen mit einem kleinen Jungen mit Filzhut und einer eingeklemmten Hand im Holzbrett durch das ganze Dorf. Zuhause wurde Robert schließlich mit der Säge aus seiner misslichen Lage befreit. Opa holte uns erst wieder zwei Wochen später ab. Ihm war das einfach zu viel.

SACHERTORTE

Springform: 24/26 cm Ø
Backtemperatur: 180 Grad
Backzeit: etwa 45 Minuten

FÜR DEN BODEN
140 g Bitterschokolade 70%
140 g Butter
5 Eier
2 EL Wasser
140 g Zucker
140 g Mehl
1 TL Backpulver
1 EL Vanillezucker

Schokolade und Butter im warmen Wasserbad schmelzen lassen. Die Eier trennen. Eiweiß und Wasser mit dem Handrührgerät oder der Küchenmaschine bei mittlerer Stufe leicht schaumig schlagen. Den Zucker einrieseln lassen und so lange weiterschlagen, bis der Eischnee steif und glänzend ist. Eigelb, Mehl, Backpulver, Vanillezucker und das Schokolade-Butter-Gemisch zügig unter den Eischnee heben. Eine Springform mit Backpapier auslegen, den Teig einfüllen und im vorgeheizten Backofen backen. Gleich nach dem Backen mit einem Messer aus der Form lösen und vollständig auskühlen lassen. Den Tortenboden auf einen Tortenteller stürzen und das Backpapier entfernen.

FÜR FÜLLUNG UND GLASUR
150 g Marillenkonfitüre
1 EL Wasser
50 g Sahne 35%
50 g Bitterschokolade 70%

Die Konfitüre mit Wasser bei mittlerer Hitze erwärmen, bis sie streichfähig ist. Die Sahne ebenfalls bei mittlerer Hitze erwärmen. Die Schokolade in kleine Stücke schneiden und in der warmen Sahne auflösen, dabei gut rühren. Den Tortenboden quer durchschneiden, die Hälfte der warmen Konfitüre auf dem unteren Boden verteilen, mit dem zweiten Boden bedecken und die restliche Konfitüre gleichmäßig darauf verstreichen. Die Torte mit der Schokoladen-Sahne-Mischung glasieren.

MEINE TIPPS
Verwenden Sie zum Schlagen des Eischnees unbedingt eine große, fettfreie Schüssel!
Sachertortenrezepte gibt es viele – das Original aus dem Wiener Hotel Sacher ist eines der größten Geheimnisse Österreichs.

DONAUWELLE

DONAUWELLE

Tortenform aus Silikon: 24/26 cm Ø
Backtemperatur: 180 Grad
Backzeit: etwa 45 Minuten
Kühlzeit: etwa 3 Stunden

FÜR DEN BODEN
125 g Butter
3 Eier
125 g Zucker
190 g Mehl
1 EL Vanillezucker
1 Prise Salz
1 TL Backpulver
½ unbehandelte Zitrone, Schale gerieben
1 EL Rum
2 EL Kakao
20 Sauerkirschen, entsteint

Die Butter im warmen Wasserbad schmelzen lassen. Eier und Zucker etwa 8 Minuten lang schaumig schlagen, bis die Masse hellgelb und cremig ist. Mehl, Vanillezucker, Salz, Backpulver und geriebene Zitronenschale vermischen und abwechselnd mit der geschmolzenen Butter unter die Ei-Zucker-Masse heben. Zwei Drittel des Teiges in die Silikonform füllen. Den restlichen Teig mit Rum und Kakao vermischen und gleichmäßig auf den hellen Teig streichen. Die Kirschen auf dem Teig verteilen. Die Torte im vorgeheizten Backofen backen. Vollständig auskühlen lassen und auf eine Tortenplatte stürzen.

FÜR DIE CREME
250 ml Milch
1 Eigelb
1 EL Speisestärke
3 EL Zucker
1 EL Vanillezucker
1 TL Zitronenschale, gerieben
1 Blatt Gelatine
200 ml Sahne 35%

Milch, Eigelb, Speisestärke, Zucker, Vanillezucker und geriebene Zitronenschale verrühren und zum Kochen bringen. Die Gelatine in reichlich kaltem Wasser etwa 5 Minuten einweichen, gut ausdrücken und in die warme Vanillecreme einrühren, bis sie sich vollständig aufgelöst hat; kühl stellen. Die Sahne steif schlagen und mit der Vanillecreme vermischen. Die Creme auf dem Kuchenboden gleichmäßig verstreichen. Etwa 1 Stunde in den Kühlschrank stellen.

FÜR DIE GLASUR
50 g Sahne 35%
50 g Schokolade 70%

Die Sahne aufkochen, die Schokolade klein schneiden und dazugeben. In der heißen Sahne so lange rühren, bis sich eine glänzende Glasur bildet. Diese Glasur auf der Torte verteilen und mit dem Messer kleine Wellen ziehen. Etwa 2 Stunden in den Kühlschrank stellen.

MEINE TIPPS
Die Donauwelle ist ein altes Rezept aus Böhmen. Ich habe es jedoch wesentlich kalorienreduziert, das Originalrezept enthält mindestens 250 g Butter. Es ist ein etwas arbeitsaufwendiger Kuchen, schmeckt jedoch himmlisch.
Eine alternative Glasur finden Sie im Glossar.

BIRNEN SCHOKO TORTE

Diese Torte ist seit 20 Jahren einer der Lieblingskuchen unserer Gäste. Das Rezept gab mir Laura, eine gute Freundin. Ich versprach ihr damals hoch und heilig, dieses Rezept niemandem zu verraten. Bis heute habe ich mich daran gehalten. Mit Lauras ausdrücklicher Erlaubnis gebe ich hier das so wohlgehütete Geheimnis dieser Köstlichkeit preis. Ich bedanke mich bei Laura, die eine hervorragende Köchin ist – von ihr habe ich auch so manch anderen guten Kochtipp erhalten. Das ursprüngliche Rezept sah den Deckel aus Mürbteig nicht vor, und die Torte war sehr unansehnlich. Als ich sie das erste Mal backte, meinte mein Mann: „Diese Torte brauchst du nicht mehr zu backen. Die Optik ist nicht ideal und niemand traut sich, sie zu kosten." Als ich erwiderte, dass sie unglaublich gut schmecke, gab mir mein Mann den Tipp, die Torte irgendwie abzudecken, damit sie appetitlicher ausschaue. Gesagt, getan: Die Birnen-Schoko-Torte wurde zum absoluten Verkaufsschlager und blieb jahrelang mein größtes Geheimnis.

Uebersicht
271ster Hamburger Lotterie.
375,000 Rmk.
HAMBURG

BIRNEN-SCHOKO-TORTE

Nun ist es so weit, es kostet mich viel Überwindung, dieses einmalige Rezept zu verraten. Ich hoffe, Sie wissen dies zu schätzen. Viel Spaß und gutes Gelingen!

Springform: 24/26 cm Ø
Backtemperatur: 170 Grad
Backzeit: etwa 1 Stunde
Kühlzeit: etwa 30 Minuten

FÜR DEN MÜRBTEIG
250 g Mehl, gesiebt
125 g Zucker
1 EL Vanillezucker
125 g Butter, in kleine Würfel geschnitten
1 Eigelb
4 EL Milch
1 TL Backpulver

Alle Zutaten mit dem Rührgerät zu einem glatten Teig verkneten. Den Teig in Klarsichtfolie wickeln und im Kühlschrank ruhen lassen. Die Arbeitsfläche mit Mehl bestauben. Etwa zwei Drittel des Teiges mit dem Nudelholz ausrollen. Eine Springform mit Backpapier auslegen, den Teig mithilfe des Nudelholzes hineinlegen und am Rand 3 cm hoch andrücken. Das restliche Drittel für den Deckel beiseitestellen.

FÜR FÜLLUNG UND BELAG
4 reife Birnen
200 g Schokolade 70%
2 Eier
4 EL Zucker
4 EL Sahne 35%
100 g Haselnüsse, gerieben

Die Birnen schälen, achteln und den Teig damit belegen. Die Schokolade im warmen Wasserbad schmelzen lassen. Eier und Zucker etwa 8 Minuten lang schaumig schlagen, bis die Masse hellgelb und cremig ist. Sahne, Haselnüsse und geschmolzene Schokolade in die Ei-Zucker-Masse rühren. Diesen Schokoladenguss auf den Birnen verteilen. Den restlichen Mürbteig ausrollen und die Torte damit bedecken, bevor sie in den vorgeheizten Backofen geschoben wird.

MEINE TIPPS
Sollten die Birnen sehr hart sein, empfehle ich, diese 5 Minuten lang zu kochen. Wenn Sie keine frischen Birnen bekommen, können Sie auch 500 g Birnen aus der Dose verwenden.

MARILLE VANILLE TORTE

STOCKHOLM

Die Familie Imburgia, sehr liebe Gäste, die wir schon seit über zwanzig Jahren kennen, waren und sind sehr oft mit Freunden bei uns. Eines Abends bestellte sich Herr Imburgia ein Stück Aprikosentorte frisch vom Rohr. Er rief mich und sagte: „Frau Wally, wir sehen uns im November in Stockholm!", worauf ich verdutzt fragte: „Wieso Stockholm?" „Das fragen Sie noch? Zur Verleihung des Nobelpreises für die beste Aprikosentorte natürlich!"

FRAUENMANTEL

Außer unserem kleinen Betrieb habe ich noch ein weiteres Hobby: meinen Hund Eddie – ein Mischling mit nur sechs Kilo, aber großer Persönlichkeit. In jeder freien Minute, vor allem im Winter, unternehmen wir schöne Wanderungen. Nachmittags, wenn es die Arbeit erlaubt, machen wir häufig mit meiner Freundin Waltraud und ihren beiden Hunden Shiva und Nils unsere „Hunderunde". Bei einem dieser Ausflüge hatten wir ein Erlebnis, das uns zwei knapp über 50-Jährige auf den Boden der Realität brachte. Wir waren gerade unterwegs nach Hause, als wir von Weitem einen kleinen Hund sahen, der munter mitten auf der Straße hin und her lief. Am Straßenrand hockte ein attraktiver junger Mann, der etwas sammelte. Ich meinte zu Waltraud: „Schau, früher haben die Hexen Kräuter gesammelt, heute sind es die schönen Männer!" Sofort begann ich ein Gespräch mit ihm, zuerst über den Hund, der wohl ein Chihuahua war – vermutlich aus alter Rasse und deshalb etwas größer. Der junge Mann erklärte mir dann, dass er Naturheilkunde studiere und deshalb 42 verschiedene Kräuter sammle. Und dann kam die Ansage, die Waltraud und mich sehr traf: „Für euch hätte ich auch etwas: Frauenmantel – gut für die Wechseljahre." Na bumm … Und so zogen wir wortlos von dannen.

MARILLE-VANILLE-TORTE

Springform: 24/26 cm Ø
Backtemperatur: 180 Grad
Backzeit: 45-60 Minuten
Kühlzeit: etwa 30 Minuten

FÜR DEN MÜRBTEIG
125 g Mehl, gesiebt
65 g Zucker
1 EL Vanillezucker
65 g Butter, in kleine Würfel geschnitten
1 Eigelb
2 EL Milch

Alle Zutaten mit dem Rührgerät zu einem glatten Teig verkneten. Den Teig in Klarsichtfolie wickeln und im Kühlschrank ruhen lassen. Die Arbeitsfläche mit Mehl bestauben und den Teig kurz durchkneten. Leicht flach drücken und mit dem Nudelholz dünn ausrollen. Eine Springform mit Backpapier auslegen, den Teig mithilfe des Nudelholzes hineinlegen und am Rand 3 cm hoch andrücken.

FÜR DEN BELAG
15 frische Marillen
250 ml Sahne 35 %
60 g Zucker
2 Eigelb
1 EL Vanillezucker
2 EL Speisestärke

Die Marillen waschen, halbieren, entsteinen und mit der Schnittfläche nach unten auf den Teig legen. Die Sahne mit dem Zucker steif schlagen. Eigelb, Vanillezucker und Speisestärke unterrühren. Die Creme gleichmäßig auf den Marillen verteilen. Die Torte im vorgeheizten Backofen backen. Vor dem Anschneiden vollständig auskühlen lassen.

MEINE TIPPS
Wenn Sie keine frischen Marillen bekommen, können Sie auch 500 g Marillen aus der Dose verwenden. Für diese Torte eignen sich auch Äpfel, Birnen, Pfirsiche, Kirschen oder Pflaumen. Brotbrösel auf dem Mürbteig verhindern, dass die Früchte beim Backen zu viel Saft verlieren und der Teig durchweicht.
Rollen Sie den Mürbteig zwischen Klarsichtfolie oder Backpapier aus, dann klebt er nicht auf der Arbeitsfläche und am Nudelholz.

KÄSE KUCHEN

DIE SCHLEUDER

Unser jüngster Bruder Michael wurde mit nur 1700 g geboren – eine Frühgeburt. Er hat sich jedoch gut entwickelt und ist heute der Größte von uns Geschwistern. Als Jüngster wurde er natürlich von allen verhätschelt. Er war extrem süß mit seinen blonden Locken, aber er hatte es auch faustdick hinter den Ohren. Ich hatte bereits in den Ferien der Mittelschule einen Sommerjob bei meiner Tante Walburga im Gasthof „Edelweiß" angenommen. So hatte ich mein erstes eigenes Geld verdient und im Herbst kaufte ich mir damit ein Paar echte Lederstiefel, wie man sie damals trug. Natürlich bedeutete dies damals auch, dass man eine solche Anschaffung mehrere Jahre lang trug. Nicht wie heute ... Die Mode war weniger kurzlebig oder man selbst war weniger modisch. Jedenfalls packte ich diese wunderbaren Lederstiefel im Frühjahr in die Schachtel und brachte sie in unseren Keller. Im Spätherbst holte ich sie wieder aus dem Keller, um sie zu Allerheiligen beim Friedhofsbesuch zu tragen. Ich traute meinen Augen nicht: Bei einem Stiefel war ein ca. 15 x 10 cm großes Rechteck herausgeschnitten! Michael hatte Leder gebraucht, um eine Steinschleuder zu basteln.

ZUTATEN

FÜR DEN MÜRBTEIG
125 g Mehl, gesiebt
65 g Zucker
1 EL Vanillezucker
65 g Butter, in kleine Würfel geschnitten
1 Eigelb
2 EL Milch

FÜR DIE CREME
2 Eier
150 g Zucker
500 g Topfen [Quark 20%]
1 EL Vanillezucker
2 EL Speisestärke
100 ml Olivenöl
½ unbehandelte Zitrone, Schale gerieben
500 ml Milch

KÄSEKUCHEN

Springform: 24/26 cm Ø
Backtemperatur: 180 Grad
Backzeit: etwa 45-60 Minuten
Kühlzeit: etwa 30 Minuten

Alle Zutaten mit dem Rührgerät zu einem glatten Teig verkneten. Den Teig in Klarsichtfolie wickeln und im Kühlschrank ruhen lassen. Die Arbeitsfläche mit Mehl bestauben und den Teig kurz durchkneten. Leicht flach drücken und mit dem Nudelholz dünn ausrollen. Die Form mit Backpapier auslegen, den Teig hineinlegen und einen 3 cm hohen Rand formen.

Die Eier und den Zucker etwa 8 Minuten lang schaumig schlagen, bis die Masse hellgelb und cremig ist. Topfen, Vanillezucker, Speisestärke, Olivenöl, geriebene Zitronenschale und Milch in die Ei-Zucker-Mischung rühren. Die flüssige Masse auf den Mürbteigboden gießen und im vorgeheizten Backofen backen. Nach dem Backen auskühlen lassen und dann aus der Form nehmen.

MEINE TIPPS
Leckere Variante: Waldfrüchte auf den Mürbteig geben und die Früchte mit der halben Menge Topfencreme übergießen.
Wenn die Zitrone behandelt ist, diese in heißem Wasser gründlich abbürsten, um die Schadstoffe zu entfernen.

RHABARBER KUCHEN

ERSTER FERNSEHER

Mein Vater hatte eines der ersten Fernsehgeräte in der Umgebung. Natürlich in Schwarz-Weiß mit nur drei Sendern. Ich sehe ihn heute noch vor mir, wie er 1969 bei der Mondlandung den ganzen Tag in der Stube saß und mehrmals wiederholte: „Ach, könnte das unser Opa noch erleben, der würde staunen." An Sonntagen waren wir meist 16 Kinder – aus der ganzen Nachbarschaft – und haben gemeinsam Filme wie „Tarzan", „Daktari" oder „Skippy, das Känguru", angeschaut. Eines Tages war es extrem spannend. Bei einer Szene fiel jemand beinahe eine steile Klippe hinunter. In diesem Moment sprangen alle 16 Kinder zugleich auf und wollten ihn auffangen. Das war lustig, und meine Mutter hat es noch oft erzählt.

Kommentar unserer lieben Gäste aus Sachsen:
„Dorr Rorrbarborrguchn wohr läggorr!“

RHABARBERKUCHEN

Springform: 24/26 cm Ø
Backtemperatur: 180 Grad
Backzeit: etwa 1 Stunde
Kühlzeit: etwa 1 Stunde

FÜR DEN MÜRBTEIG
125 g Mehl, gesiebt
65 g Zucker
1 EL Vanillezucker
65 g Butter, in kleine Würfel geschnitten
1 Eigelb
2 EL Milch

Alle Zutaten mit dem Rührgerät zu einem glatten Teig verkneten. Den Teig in Klarsichtfolie wickeln und im Kühlschrank ruhen lassen. Die Arbeitsfläche mit Mehl bestauben und den Teig kurz durchkneten. Leicht flach drücken und mit dem Nudelholz dünn ausrollen. Eine Springform mit Backpapier auslegen, den Teig mithilfe des Nudelholzes hineinlegen und am Rand 3 cm hoch andrücken.

FÜR DEN BELAG
5 Stangen Rhabarber
2 EL Zucker
3 EL Haselnüsse, gerieben
1 TL Zimt

Den Rhabarber waschen und in etwa 2 cm große Stücke schneiden. Zucker, Haselnüsse und Zimt mit den Rhabarberstücken vermischen und auf dem Tortenboden verteilen.

VANILLECREME
200 ml Sahne 35%
60 g Zucker
2 Eigelb
1 EL Vanillezucker
2 EL Speisestärke

Die Sahne mit dem Zucker steif schlagen. Eigelb, Vanillezucker und Speisestärke unterrühren. Gleichmäßig auf der Torte verteilen und im vorgeheizten Backofen backen. Vor dem Anschneiden in der Form auskühlen lassen.

MEINE TIPPS
Der Rhabarber muss nicht geschält werden, wenn man ihn mit einem scharfen Messer in kleine Stücke schneidet. Rhabarber mit Erdbeeren gemischt ist eine köstliche Variante dieser Verführung.

ZITRONEN WALDFRÜCHTE TORTE

GOLDFISCH TATTOO

Die kleinen Pubertätsprobleme meiner Töchter konnte ich mit einfachen Mitteln lösen. Ein Beispiel: Nadia und Sandra äußerten den Wunsch, sich ein Tattoo stechen zu lassen. Ich gab ihnen folgenden Rat: „Wenn ihr euch jetzt einen kleinen Goldfisch auf den Hintern stechen lasst, dann habt ihr mit 50 Jahren dort einen Schwertwal."

ZITRONEN-WALDFRÜCHTE-TORTE

Springform: 24/26 cm Ø
Backtemperatur: 180 Grad
Backzeit: etwa 1 Stunde
Kühlzeit: etwa 1 Stunde

FÜR DEN MÜRBTEIG
125 g Mehl, gesiebt
65 g Zucker
1 EL Vanillezucker
65 g Butter, in kleine Würfel geschnitten
1 Eigelb
2 EL Milch

Alle Zutaten mit dem Rührgerät zu einem glatten Teig verkneten. Den Teig in Klarsichtfolie wickeln und im Kühlschrank ruhen lassen. Die Arbeitsfläche mit Mehl bestauben und den Teig kurz durchkneten. Leicht flach drücken und mit dem Nudelholz dünn ausrollen. Eine Springform mit Backpapier auslegen, den Teig mithilfe des Nudelholzes hineinlegen und am Rand 3 cm hoch andrücken.

FÜR DIE FÜLLUNG
150 ml Zitronensaft
150 ml Wasser
3 EL Speisestärke
½ unbehandelte Zitrone, Schale gerieben
50 g Butter
75 g Zucker
3 Eigelb
400 g Waldfrüchte

Zitronensaft, Wasser, Speisestärke und geriebene Zitronenschale in einen Topf geben, mit dem Schneebesen gut verquirlen und zum Kochen bringen. Sobald die Masse stockt, vom Herd nehmen, Butter und Zucker gut unterrühren. Einige Minuten auskühlen lassen und das Eigelb in die Zitronencreme einrühren. Die Waldfrüchte auf den Teig geben und die Zitronencreme darüber verteilen.

FÜR DIE BAISERMASSE
3 Eiweiß
100 g Zucker

Das Eiweiß mit dem Handrührgerät oder der Küchenmaschine bei mittlerer Stufe leicht schaumig schlagen. Den Zucker einrieseln lassen und so lange weiterschlagen, bis der Eischnee steif und glänzend ist. Die Baisermasse mithilfe eines Spritzbeutels auf der Zitronencreme verteilen. Im vorgeheizten Backofen backen und in der Form auskühlen lassen.

MEINE TIPPS
Verwenden Sie zum Schlagen des Eischnees unbedingt eine große, fettfreie Schüssel!
Man kann bei diesem Kuchen auch den Baiser mit 2 Eiweiß und 150 g Zucker extra backen und auf den fertigen Kuchen geben. Es ist etwas zeitaufwendiger, jedoch optisch schöner. Baiser mit Sterntülle nach Belieben auf Backpapier aufspritzen und bei 90 Grad etwa 3 Stunden im Ofen backen. Diese Dekoration auf den ausgekühlten Kuchen geben.

KATHIS WEIHNACHTS SCHNITTEN

WEIHNACHTSZEIT

Wenn ich an das Weihnachten meiner Kindheit denke, so verfalle ich in grenzenlose Romantikstimmung. Es war so schön … Meine Mutter Kathi begann stets sehr früh mit der Weihnachtsbäckerei, und es duftete im ganzen Haus unglaublich gut. Ihre Kekse sind für mich auch heute noch weitaus die Besten. Auch das alte, überlieferte Rezept der Weihnachtsschnitten ist einzigartig und unschlagbar in seiner Köstlichkeit.

Am Heiligen Abend holte Vater immer einen Christbaum aus dem Wald. Mutter bemängelte meist ein wenig seine Form, denn da Vater jeder Baum zu schade war, schlägerte er oft etwas weniger schöne Exemplare. Doch wenn Mutter ihn schmückte, war er immer schön. Auch das habe ich zu kopieren versucht, jedoch nichts zu machen! Es wird wohl auch diese alte Stube gewesen sein, die alles so heimelig wirken ließ. Ebenso die alte Krippe mit dem Jesukind … Das ursprüngliche Jesukind ist leider kaputtgegangen und wurde durch ein kleines Jesulein aus Wachs ersetzt. Einmal hatte meine Mutter die Krippe gerade fertig aufgestellt, es fehlte nur noch das Wachskindlein. Doch dieses hatte unser kleiner Michael unterm Tisch gerade genüsslich verspeist.
Ihr Kinderlein kommet.

VON HERZEN
FROHE WEIHNACHTEN

Dieses Rezept stammt von meiner Mutter Kathi. Sie hat als junges Mädchen in den Jahren nach dem Krieg beim bekannten Küchenchef Hans Debeljak gearbeitet. Als sie Teige für Kuchen rühren musste, sagte der Chefkoch immer „Kathi, pfeif!", damit sie nicht in Versuchung kam, etwas von der süßen Masse zu naschen. Sie pfiff und pfiff und es lief ihr das Wasser im Mund zusammen. Meine Mutter wurde eine grandiose Köchin.

KATHIS WEIHNACHTSSCHNITTEN

Backblech: etwa 32 x 32 cm
Backtemperatur: 180 Grad
Backzeit: etwa 45 Minuten
Kühlzeit: etwa 30 Minuten

FÜR DEN BODEN
200 g Mehl
100 g Zucker
1 EL Vanillezucker
100 g Butter
4 Eigelb
2 EL Milch
250 g Preiselbeerkonfitüre

Mehl, Zucker, Vanillezucker, Butter, Eigelb und Milch zu einem glatten Teig verkneten. Den Teig in Klarsichtfolie wickeln und im Kühlschrank ruhen lassen. Backpapier [etwa 32 x 32 cm] zuschneiden und mit Mehl bestauben. Den Teig kurz durchkneten und leicht platt drücken. Mit dem Nudelholz auf dem Backpapier zu einem Quadrat [32 x 32 cm] ausrollen und auf das Backblech legen. Die Ränder mit einem Messer schön gerade schneiden und die Teigreste wieder in die Mitte drücken. Auf das Backblech geben und die Preiselbeerkonfitüre gleichmäßig auf dem Teig verstreichen.

FÜR DEN BELAG
4 Eiweiß
140 g Zucker
100 g Haselnüsse oder Mandeln, gerieben
40 g Schokolade 70%, gerieben
1 TL Zimt
1 Msp. Lebkuchengewürz

Das Eiweiß mit dem Handrührgerät oder der Küchenmaschine bei mittlerer Stufe leicht schaumig schlagen. Den Zucker einrieseln lassen und so lange weiterschlagen, bis der Eischnee steif und glänzend ist. Haselnüsse, Schokolade, Zimt und Lebkuchengewürz vermischen und in die Schneemasse einrühren. Die Masse gleichmäßig auf die Marmelade streichen. Im vorgeheizten Backofen backen. Noch warm in kleine Quadrate schneiden [etwa 4 x 4 cm].

MEINE TIPPS
Verwenden Sie zum Schlagen des Eischnees unbedingt eine große, fettfreie Schüssel!
Diese Weihnachtskekse halten sich – gut verschlossen in Keksdosen – etwa 3 Wochen lang.

PFIRSICHKUCHEN

MARIANNA UND OPAS HENNEN

Opa hatte ein Leben lang Streit mit unserer Nachbarin Marianna. Ursache dieses Streits waren vor allem die Hennen. Früher hatte jedes Haus einige Hennen, doch diese kannten natürlich keine Hausgrenzen. Marianna hatte ein riesiges Grundstück vor dem Haus. Es kam vor, dass sich Opas Hühner manchmal auf Mariannas Feld verirrten. Sie verfolgte das Federvieh, stolperte über einen Maulwurfshügel und flog in hohem Bogen in den Dreck. Aber das Schlimmste dabei war: Sie verlor ihre Perücke und Opa hatte alles gesehen – sehr peinlich für sie.

NICHTEN & NEFFEN

Mittlerweile haben alle meine Geschwister Kinder, eines netter als das andere. Alberts Kinder heißen Maria und Florian. Florian besucht die Kunstschule und ist sehr begabt; Maria die Hotelfachschule, eine sehr hübsche junge Dame. Robert hat zwei fleißige Burschen, Stefan und Georg. Stefan hat den Beruf des Maschinenbauers erlernt und Georg das Maurerhandwerk. Beide führen mit meinem Bruder, ihrem Vater, einen Pferdebetrieb und arbeiten in der Forstwirtschaft. Evis Sohn Armin hingegen studiert in Innsbruck. Er hatte immer schon einen intellektuellen Touch. Als er seinen ersten Kindergartentag geschafft hatte, sagte er zu seiner Mutter: „Du, die Kindergartentante kannst du vergessen, die weiß nicht einmal, wo Burkina Faso liegt." Michael, mein jüngster Bruder, hat auch zwei wunderbare Kinder: Simona und Arnold. Simona besucht die Hotelfachschule und Arnold die Mittelschule. Für meine Eltern sind die Enkel alles, sie lieben sie sehr. Eines Tages besuchte ich meine Eltern, als einer meiner Neffen gerade mit einem Vorschlaghammer ein Stück Hausmauer abgeschlagen hatte. Der Kommentar meiner Mutter lautete: „Er arbeitet so gerne." Man merkt, dass Omas und Opas wesentlich nachsichtiger sind als Eltern.

PFIRSICHKUCHEN

Springform: 24/26 cm Ø
Backtemperatur: 180 Grad
Backzeit: etwa 1 Stunde
Kühlzeit etwa 30 Minuten

FÜR DEN MÜRBTEIG
125 g Mehl, gesiebt
65 g Zucker
1 EL Vanillezucker
1 Msp. Salz
1 Msp. Backpulver
1 Eigelb
65 g Butter, in kleine Würfel geschnitten
2 EL Milch

Alle Zutaten mit dem Rührgerät zu einem glatten Teig verkneten. Im Kühlschrank ruhen lassen. Die Arbeitsfläche mit Mehl bestauben und den Teig kurz durchkneten. Leicht flach drücken und mit dem Nudelholz dünn ausrollen. Eine Springform mit Backpapier auslegen, den Teig mithilfe des Nudelholzes hineinlegen und am Rand 3 cm hoch andrücken.

FÜR DEN BELAG
2 EL Brotbrösel
1 TL Zimt
6 Pfirsiche oder Nektarinen
2 EL Marillen- oder Pfirsichmarmelade
2 EL Wasser
3 EL Haselnüsse, grob gehackt

Die Brotbrösel und den Zimt vermischen und gleichmäßig auf den Teig streuen. Pfirsiche entsteinen, vierteln, fächerartig einschneiden und eng nebeneinander, mit der Schnittfläche nach unten, auf den Teig legen. Marmelade mit Wasser vorsichtig erwärmen, bis sie streichfähig ist und den Kuchen damit bestreichen. Die grob gehackten Haselnüsse auf die Pfirsiche streuen. Die Torte im vorgeheizten Backofen backen.

MEINE TIPPS
Dieser Kuchen ist ein Gedicht! Warm serviert, wird er zu einer Symphonie. Die Pfirsiche sollten reif sein, damit sie sich leicht vom Kern lösen.

DIE LETZTE FAHRT

Mein Vater hatte sich 1967, nach dem Tod seines Vaters, einen lang ersehnten Traum erfüllt. Er hatte sich ein Pferd gekauft, einen Haflinger namens Flora. Dies war der Anfang eines Fuhr- und Reitbetriebes, den er bis vor ein paar Jahren mit viel Leidenschaft führte. Heute hat mein Bruder Robert den Pferdestall übernommen. Als Kind fand ich es sehr spannend, denn mein Vater brachte mit Kutsche und Pferd auch verstorbene Menschen auf den Friedhof. So kamen die Angehörigen zu meinem Vater, um das Pferd mit Wagen zu bestellen. Gespannt horchten wir Kinder zu, wie sie die ganze Leidensgeschichte und Tragik erzählten, natürlich wurde auch geweint. Etwa eine Woche nach der Beerdigung kamen die Trauernden wieder, um die Fahrt mit Pferd und Wagen zu bezahlen. Mein Vater hatte dann immer den selben Spruch auf Lager: „Die letzte Fahrt ist gratis." Und das meinte er auch so.

REISKUCHEN MIT BROMBEEREN

REISKUCHEN MIT BROMBEEREN

Springform: 24/26 cm Ø
Backtemperatur: 180 Grad
Backzeit: etwa 1 Stunde
Kühlzeit: etwa 30 Minuten

FÜR DEN MÜRBTEIG
125 g Mehl, gesiebt
65 g Zucker
1 EL Vanillezucker
65 g Butter, in kleine Würfel geschnitten
1 Eigelb
2 EL Milch

Alle Zutaten mit dem Rührgerät zu einem glatten Teig verkneten. Den Teig in Klarsichtfolie wickeln und im Kühlschrank ruhen lassen. Die Arbeitsfläche mit Mehl bestauben und den Teig kurz durchkneten. Leicht flach drücken und mit dem Nudelholz dünn ausrollen. Eine Springform mit Backpapier auslegen, den Teig mithilfe des Nudelholzes hineinlegen und am Rand 3 cm hoch andrücken.

FÜR DIE FÜLLUNG
750 ml Milch
1 EL Vanillezucker
1 Msp. Salz
½ unbehandelte Zitrone, Schale gerieben
60 g Rosinen
100 g Rundkornreis, weichkochend
3 Eier
50 ml Sahne 35%
5 EL Brombeerkonfitüre

Milch mit Vanillezucker, Salz, geriebener Zitronenschale, Rosinen und Reis etwa 15 Minuten kochen. Auskühlen lassen. Die Eier trennen und das Eiweiß mit dem Handrührgerät oder der Küchenmaschine bei mittlerer Stufe etwa 10 Minuten lang steif schlagen. Zusammen mit Eigelb und Sahne in die Reismasse rühren. Die Brombeerkonfitüre auf den ausgerollten Mürbteig streichen, die Reismasse gleichmäßig darübergeben. Die Torte im vorgeheizten Backofen backen.

WEITERES
150 ml Sahne 35%
1 EL Zucker
5 frische Brombeeren

Nach dem Backen den Kuchen auskühlen lassen und mit einem Messer aus der Form lösen. Die Sahne mit dem Zucker steif schlagen und den abgekühlten Reiskuchen damit bestreichen. Mit frischen Brombeeren garnieren.

MEINE TIPPS
Verwenden Sie zum Schlagen des Eischnees unbedingt eine große, fettfreie Schüssel!
Anstatt Brombeermarmelade können Sie auch Preiselbeerkonfitüre verwenden.
Der Kuchen schmeckt auch ohne Sahnedekor wunderbar.

ZWETSCHGEN STREUSEL KUCHEN

Herrlich, wie das duftet, wenn ich diesen Kuchen backe. Kein Wunder – Zwetschgen und Pflaumen gehören botanisch zu den Rosengewächsen. Äußerst beliebt bei Gästen und Wespen, Spätsommergefühl pur.

MANN ÜBER BORD

Unser Haus stand direkt neben dem Gebirgsbach. Deshalb war es auch ganz normal, dass wir gemeinsam mit anderen Nachbarskindern auf der Brücke neben unserem Haus spielten. Es war Herbst und wir spielten mit Dosen, die mit Vogelbeeren gefüllt waren. Der Bach führte sehr viel Wasser. Mein damals dreijähriger Bruder Robert war auch mit von der Partie und spielte mit einem Schraubenzieher in der einen Hand und einem Hammer in der anderen. Auf einmal machte es „Schwupps" und Robert rutschte zwischen dem Brückengeländer in den Bach. Ich kann es bis heute nicht verstehen. Wir Kinder, alle zwischen fünf und sieben Jahre alt, guckten ihm zu, wie er in einem Strudel immer wieder auftauchte und verschwand. Man sah den Schraubenzieher und den Hammer, und alles drehte sich. Gott sei Dank kam unsere Mutter zufällig vom Einkauf zurück. Schockiert rief sie den Nachbarn Veit. Als der das Unglück sah, meinte er: „Ich glaube Kathi, da ist nichts mehr zu machen." Doch Mutter schrie in Panik: „Hol ihn raus!" Und so eilte er ins Haus und mit Gummistiefeln bekleidet, stieg er in den reißenden Bach. Es gelang ihm schließlich, meinen Bruder Robert herauszufischen. Am Ufer spuckte er eine Weile Wasser, hatte aber noch immer den Schraubenzieher in der Hand. Der Hammer war weg. Er erhob die Hand und schrie: „Der Schraufzer [= Schraubenzieher]! Ich hab ihn noch!!" Das nasse Kind wurde sofort in die Stube gebracht. Oma wechselte ihm die Kleidung und meinte: „Jetzt koch ich dir einen Tee!" Worauf Robert konterte: „Nein, nicht mehr trinken!"

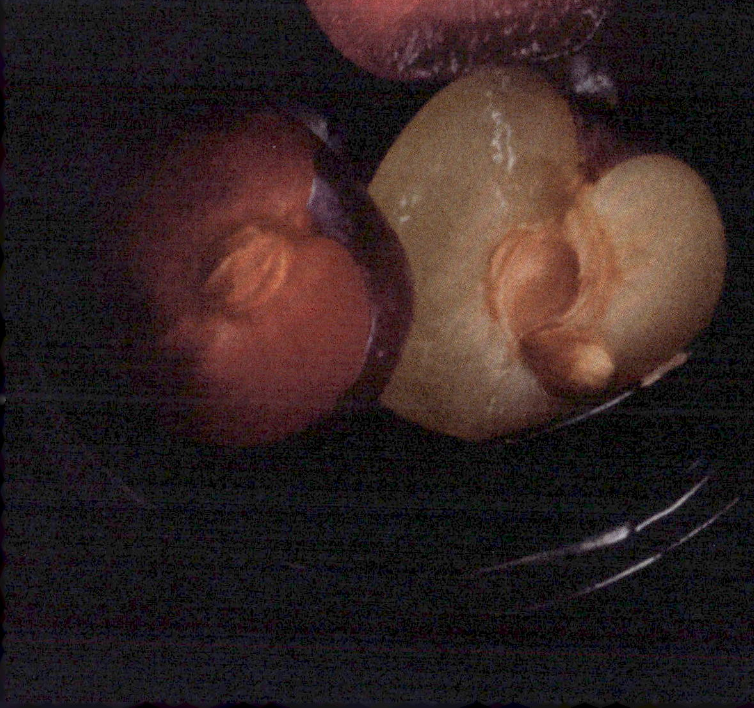

ZWETSCHGEN-STREUSEL-KUCHEN

Springform: 24/26 cm Ø
Backtemperatur: 180 Grad
Backzeit: etwa 45-60 Minuten
Kühlzeit: etwa 30 Minuten

FÜR DEN MÜRBTEIG
125 g Mehl, gesiebt
65 g Zucker
1 EL Vanillezucker
65 g Butter, in kleine Würfel geschnitten
1 Eigelb
2 EL Milch

Alle Zutaten mit dem Rührgerät zu einem glatten Teig verkneten. Den Teig in Klarsichtfolie wickeln und im Kühlschrank ruhen lassen. Die Arbeitsfläche mit Mehl bestauben und den Teig kurz durchkneten. Leicht flach drücken und mit dem Nudelholz dünn ausrollen. Eine Springform mit Backpapier auslegen, den Teig mithilfe des Nudelholzes hineinlegen und am Rand 3 cm hoch andrücken.

FÜR DEN BELAG
50 g Brotbrösel
25 Zwetschgen

Die Zwetschgen waschen, halbieren und entsteinen. Die Brotbrösel auf dem Teig verteilen und anschließend die halbierten Zwetschgen mit der Schnittfläche nach oben dicht nebeneinander auf den Teig legen.

FÜR DIE STREUSEL
100 g Zucker
50 g Mehl
50 g Haselnüsse oder Mandeln, gerieben
100 g Butter
1 TL Zimt

Zucker, Mehl, Haselnüsse, Butter und Zimt verkneten. Den Teig mit der Hand zu Streuseln zerbröseln und gleichmäßig auf die Früchte geben. Im vorgeheizten Backofen backen.

MEINE TIPPS
Man kann für diesen Kuchen auch frische Kirschen, Mirabellen und anderes Obst verwenden.
Rollen Sie den Mürbteig zwischen Klarsichtfolie oder Backpapier aus, dann klebt er nicht auf der Arbeitsfläche und am Nudelholz.
Die Torte schmeckt auch lauwarm richtig gut.

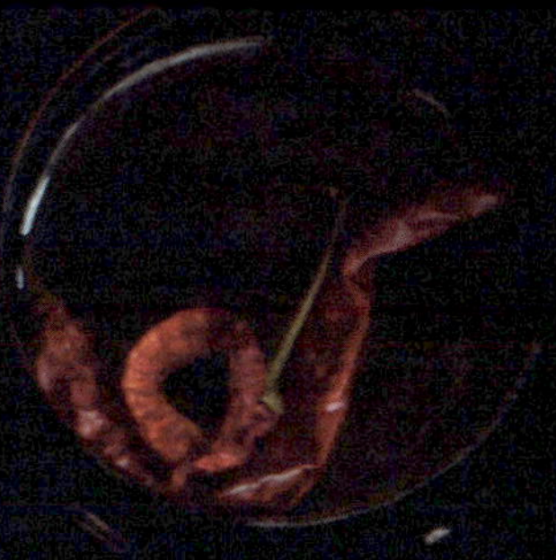

SCHOKO-CHILI-TORTE

RADIOGERÄT

Josef, mein Opa, hatte in unserem Dorf das erste Radiogerät. Alle Nachbarn versammelten sich abends in der Stube, um gemeinsam Radio zu hören. Eine Nachbarin, sie hieß Filomena, war total entsetzt. Sie konnte es nicht glauben, dass aus diesem Gerät jemand sprechen konnte. Sie saß völlig verschreckt auf der Bank und wimmerte: „Josef, das geht nicht mit rechten Dingen zu!" Worauf mein Opa sagte: „Filomena, warte nur ab, eines Tages werden wir die auch noch sehen, die wir hier sprechen hören." Darauf erwiderte sie: „Du spinnst komplett!"

HOSENTRÄGERIN

1967, kurz vor seinem Tod, kam Opa ganz außer sich nach Hause. Er hatte das erste Mal eine Frau gesehen, die eine Hose trug. Sein Kommentar: „Auch wenn jetzt die Frauen anfangen, Hosen zu tragen, werde ich bestimmt keinen Rock tragen!"

SCHOKO-CHILI-TORTE

Springform: 24/26 cm Ø
Backtemperatur: 170 Grad
Backzeit: etwa 1 Stunde
Kühlzeit: etwa 30 Minuten

FÜR DEN MÜRBTEIG
125 g Mehl, gesiebt
65 g Zucker
1 EL Vanillezucker
1 TL Backpulver
65 g Butter, in kleine Würfel geschnitten
1 Eigelb
2 EL Milch

Alle Zutaten mit dem Rührgerät zu einem glatten Teig verkneten. Den Teig in Klarsichtfolie wickeln und im Kühlschrank ruhen lassen. Die Arbeitsfläche mit Mehl bestauben und den Teig kurz durchkneten. Leicht flach drücken und mit dem Nudelholz dünn ausrollen. Eine Springform mit Backpapier auslegen, den Teig mithilfe des Nudelholzes hineinlegen und am Rand 3 cm hoch andrücken.

FÜR DEN BELAG
200 g Schokolade 70%
300 ml Sahne 35%
1 EL Zucker
1 EL Vanillezucker
1 Msp. Chilipulver
2 Eier
6 EL Milch

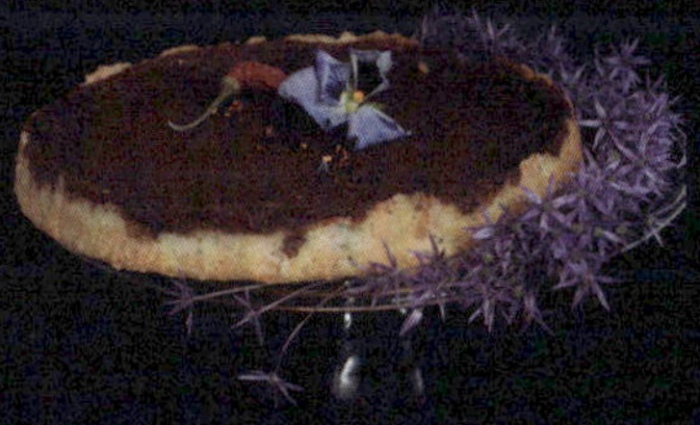

Die Schokolade im warmen Wasserbad schmelzen lassen. Die Sahne mit dem Zucker steif schlagen. Vanillezucker, Chilipulver, Eier und Milch rasch unterrühren, dann die geschmolzene Schokolade flott einrühren. Die Masse gleichmäßig auf dem Mürbteig verteilen. Die Torte im vorgeheizten Backofen backen.

MEINE TIPPS
Dekorieren Sie die Torte mit einer Chilischote.
Schmeckt hervorragend lauwarm, aber auch kalt und am nächsten Tag.
Sollten Sie diese Torte für einen bestimmten Anlass backen, so spricht nichts gegen etwas mehr Chilischärfe. ♥

TOPFEN STRUDEL

KINDERGARTENZEIT

Wir Kinder haben alle den Kindergarten besucht. Unsere Kindergartentante hieß Monika. Sie war eine Respektsperson. Schon ihre Frisur machte mir Angst. Sie hatte das Haar hochtoupiert und oben irgendwie mit einer Halterung befestigt. Ich war überzeugt, dass sie einen Motor auf dem Kopf hatte. Heute weiß ich, dass es eine Art Spange war.

Ihre Erziehungsmethoden waren eigenartig. Wer sich unerlaubt den Kopf stützte, musste eine Stunde lang den Kopf auf einem Stück Holz aufstützen. Zudem machten die Kinder früher wesentlich öfter in die Hose als heute. Wem das passierte, der wurde vor allen anderen Kindern in einem Plastikzuber gesäubert. Mein Bruder Albert hatte einmal ein größeres Problem in der Hose. Inmitten der Kinder begann die Waschung. Er wollte etwas ablenken und sagte zur Tante Monika: „Ich habe einmal eine Schlange gesehen", worauf sie schnippisch antwortete: „Das habe ich auch, aber in deiner Hose."

Wenn man schwerwiegendere Sachen ausgefressen hatte, wurde man in den Keller gesperrt. Das war für alle Kinder schlimm, nur für meinen Bruder Albert, den Feinschmecker, nicht. Im Keller lagerten ein Lebkuchenhaus für Weihnachten sowie leckere Käseecken. Er nutzte diese Kellerzeit dazu, die Käseecken aufzuessen und begann am Lebkuchenhaus zu knabbern.

Das war das letzte Mal, dass er in diesem Verlies war!

TOPFENSTRUDEL

Backblech: etwa 45 cm lang
Backtemperatur: 180 Grad
Backzeit: etwa 1 Stunde
Kühlzeit: etwa 30 Minuten

FÜR DEN TEIG

150 g Butter, in kleine Würfel geschnitten
150 g Mehl
150 g Topfen [Quark 20%]
1 EL Vanillezucker
1 Msp. Salz

Alle Zutaten mit dem Rührgerät zu einem glatten Teig verkneten. Den Teig in Klarsichtfolie wickeln und im Kühlschrank ruhen lassen.

FÜR DIE FÜLLUNG

2 Eier
100 g Zucker
300 g Topfen [Quark 20%]
50 ml Öl oder flüssige Butter
½ unbehandelte Zitrone, Saft und abgeriebene Schale
1 EL Speisestärke
1 EL Vanillezucker
50 g Rosinen

Eier und Zucker etwa 8 Minuten lang schaumig schlagen, bis die Masse hellgelb und cremig ist. Die restlichen Zutaten dazugeben und cremig verrühren.

Backpapier [etwa 45 x 30 cm] mit reichlich Mehl bestauben und darauf den Teig mit dem Nudelholz zu einem Rechteck in der Größe des Papiers ausrollen. Die Füllung längs in der Mitte auf dem Teig verteilen. Den Teig auf beiden Seiten der Länge nach so einschlagen, dass er in der Mitte um einige cm überlappt. Die beiden Enden gut verschließen; den Strudel mit dem Backpapier auf das Backblech heben und im vorgeheizten Backofen backen.

MEINE TIPPS

Weichen Sie die Rosinen einen Tag vorher in Rum ein, so bekommen sie ein gutes Aroma. Anstelle der Rosinen eignen sich auch Kirschen [etwa 20 Stück] oder frische, geviertelte Marillen [etwa 8 Stück].

GLOSSAR · TIPPS AUS DER BACKSTUBE

ÄPFEL: Für Kuchen eignen sich säuerliche Äpfel [z. B. Gravensteiner oder Boskop]. Sollten Sie weniger säuerliche, harte Äpfel verwenden, so empfehle ich, diese zuerst in Wasser mit etwas Zitronensaft vorzukochen.

APRIKOSEN [MARILLEN]: Sollten Sie im Sommer größere Mengen Aprikosen einkaufen, so können Sie diese entsteinen und für die Torten auf Vorrat einfrieren. Die gefrorenen Früchte am besten direkt und ohne aufzutauen auf den Mürbteig geben. Die Vanillecreme, wie im Rezept beschrieben, darauf verteilen und den Kuchen in den Backofen schieben.

BIRNEN: Sollten Sie frische Birnen für die Birnen-Schoko-Torte verwenden, so wählen Sie reife Früchte. Wenn die Birnen hart sind, schälen, achteln und in Wasser kurz vorkochen, ansonsten bleiben die Birnen im Kuchen zu hart.

BISKUIT: Das Wichtigste beim Biskuitteig ist, dass Sie zuerst Eier und Zucker mindestens 8 Minuten schaumig schlagen und anschließend die restlichen Zutaten vorsichtig unterheben. Der Backofen sollte vorgeheizt sein. Sollte ein Biskuit einmal missglücken, so könnten Sie daraus einen leckeren Nachtisch in Gläsern zubereiten. Das geht so: Eine Lage Biskuit, darauf etwas Fruchtsaft oder Likör geben, dann die Früchte und die süße, geschlagene Sahne verteilen, kühl stellen, und fertig ist ein tolles Dessert.

BUCHWEIZENMEHL: Buchweizen ist botanisch gesehen kein Getreide, sondern ein Knöterichgewächs und deshalb glutenfrei. Es wird in drei Stärken [fein, mittelfein und grob] im Handel angeboten. Für die Buchweizentorte verwende ich das feine Mehl, sie können aber auch mittelfeines oder grobes ausprobieren. Die Torte schmeckt etwas rustikaler, aber auch lecker.

BUTTER: Sie ist gesünder als Margarine. Ich empfehle deshalb, beim Backen Butter zu verwenden. Sollten Sie laktoseintolerant sein, so verwenden Sie eine gute Pflanzenmargarine.

EIER: Im Handel werden Eier in verschiedenen Größen angeboten: XL = sehr große Eier, über 70 g; L = große Eier, 63–70 g; M = mittelgroße Eier, 53–63 g und S = kleine Eier, unter 53 g. In meinen Rezepten verwende ich grundsätzlich Eier mittlerer Größe.

EISCHNEE: Nehmen Sie die Eier 1 Stunde vor dem Gebrauch aus dem Kühlschrank, Eier lassen sich bei Zimmertemperatur nämlich besser schlagen. Um das Eiweiß steif zu schlagen, empfehle ich, die Rührschüssel und den Schneebesen vorher mit Zitronensaft oder Essig zu reinigen, um jegliche Fettrückstände zu vermeiden. Auch kleinste Mengen Eigelb verhindern, dass der Eischnee steif wird. Verwenden Sie eventuell einige Körner grobes Salz – es erleichtert das Aufschlagen. Ansonsten gilt bei Eischnee: Lieber nicht auf der höchsten Stufe, dafür jedoch länger schlagen, dann wird der Eischnee cremig.

GELATINE: Bei meinen Rezepten habe ich Blattgelatine [Blättergewicht 2,2 g pro Blatt] verwendet. Sollten Ihre Blätter kleiner oder größer sein [es gibt im Handel Blätter in verschiedenen Größen z. B. 1,7 g, 2,0 g, ab 3÷5 g], so sollten Sie das bei der Zubereitung beachten. Verwenden Sie bei kleineren Blättern ein Blatt mehr und bei größeren ein Blatt weniger. Für Vegetarier bieten sich andere Geliermittel wie zum Beispiel Agar-Agar an. Dieses Geliermittel wird aus Algen gewonnen, hat keine Kalorien und wird vom Körper vollkommen abgebaut. Für 500 ml Flüssigkeit benötigt man 2–3 g Agar-Agar; es sollte in kochender Flüssigkeit aufgelöst werden.

GLASUR: Hier eine alternative, sehr schön glänzende Schokoglasur – z. B. für die Donauwelle:
Zutaten
175 g Wasser
150 g flüssige Sahne 35 %
225 g Zucker
75 g hochwertiges Kakaopulver, bitter
7,5 g Gelatineblätter
Gelatine in reichlich kaltem Wasser einweichen. Wasser, Sahne, Zucker und gesiebtes Kakaopulver 8 Minuten auf kleiner Flamme kochen. Gelatine ausdrücken, in der Flüssigkeit auflösen und so lange rühren, bis die Glasur eine cremige Konsistenz erhält. Auf etwa 35 Grad abkühlen lassen und die Torte damit überziehen. Die restliche Glasur hält sich im Kühlschrank etwa 1 Woche bzw. sie lässt sich gut einfrieren.

HASELNÜSSE: Nach Möglichkeit sollten Sie nur frisch geriebene Nüsse verwenden, um zu verhindern, dass die Nüsse ranzig oder schimmelig sind. Bei allen Rezepten können Sie anstelle von Haselnüssen auch ungeschälte Mandeln verwenden.

JOGHURT: Bei der Joghurt-Heidelbeer-Torte verwende ich Magerjoghurt, da die Creme mit Sahne zubereitet wird. Sollten Sie nur Fruchtjoghurt zu Hause haben, so sollten Sie anstatt 100 g nur 80 g Zucker verwenden.

KIRSCHEN: Verwenden Sie nach Möglichkeit frisches Obst der Saison. Manchmal verwende ich für den Kirschkuchen die Schattenmorellen im Glas. Diese Kirschsorte hat einen guten Geschmack und ist leicht säuerlich.

MARILLEN: siehe > Aprikosen

MEHL: Es ist üblich, bei Backwaren Weizenmehl der Stärke 00 zu verwenden. Ich rate Ihnen jedoch, anstelle des klassischen Weizenmehls Dinkelmehl, Kamutmehl oder auch einen Teil Vollwertmehl, nach Möglichkeit aus Bioanbau, zu verwenden. Ihre Gesundheit wird es Ihnen danken.
Bei den Rezepten für glutenfreie Kuchen habe ich das Mehl durch Maisstärke ersetzt.

MOHN: Mohn sollte unbedingt immer frisch gemahlen werden, da Mohn sehr ölhaltig und deshalb nicht lange haltbar ist.

PFIRSICHE: Für den Pfirsichkuchen nehme ich lieber Nektarinen, weil sie eine glatte Schale haben. Beim richtigen Reifegrad lassen sich diese auch leichter vom Kern lösen.

QUARK: siehe > Topfen

RHABARBER: Diese herrliche Pflanze ist eigentlich eine Gemüsesorte. Bei uns ist sie bis etwa Ende Juni genießbar.
Die Stängel waschen und mit einem sehr scharfen Messer in kleine Stücke schneiden, dadurch vermeidet man das Schälen derselben. Außer für Kuchen ist Rhabarber dank seines säuerlichen Geschmacks auch für Kompotte und Cremespeisen geeignet. Rhabarber ist reich an Vitamin C und sehr gesund. Ein Rhabarber-Erdbeerkompott mit einer Kugel Vanilleeis ist ein Traum, versuchen Sie das einmal im Sommer – es schmeckt herrlich fruchtig.

SCHOKOLADE: Beim Kuchenbacken sollten Sie nur Bitterschokolade verwenden. Je höher der Kakao-Anteil, desto hochwertiger ist die Schokolade. Im Handel erhält man Bitterschokolade von 40 bis 100 % Kakaoanteil. Bei der Birnenschokoladetorte empfehle ich Schokolade mit hohem Kakaoanteil.

TOPFEN [QUARK]: Beim Käsekuchen oder Topfenstrudel verwende ich Topfen auf Halbfettstufe mit 20 %. Sie können jedoch nach Belieben auch Magerquark oder Frischkäse verwenden. Lassen Sie den Magerquark vor der Verwendung einige Stunden in einem mit einem Tuch ausgelegten Sieb abtropfen, so wird der Tortenboden etwas trockener.

TORTENFORMEN: Die Rezepte in diesem Buch sind für eine Springform von 26 cm Durchmesser konzipiert. Sollten Sie kleinere Kuchen backen, so halbieren Sie die Zutaten.
Auch Silikonbackformen sind praktisch, müssen jedoch bei Kuchen ohne Butter [z. B. Karottentorte] eingefettet werden.

WEINSTEINBACKPULVER: Als Backtriebmittel verwende ich Weinsteinbackpulver. Es ist ein Naturprodukt und glutenfrei. Weinstein wird aus den Ablagerungen in den Fässern der Weinreifung gewonnen. Natürlich kann auch herkömmliches Backpulver verwendet werden, jedoch nie mehr als 1 Teelöffel pro Kuchen, um etwaige seifige Geschmacksnuancen zu vermeiden. Allerdings ist der Kuchen dann nicht mehr glutenfrei.

ZUTATENANGABEN:
TL = Teelöffel
EL = Esslöffel
ml = Milliliter
g = Gramm
Msp. = Messerspitze
Pkg. = Packung

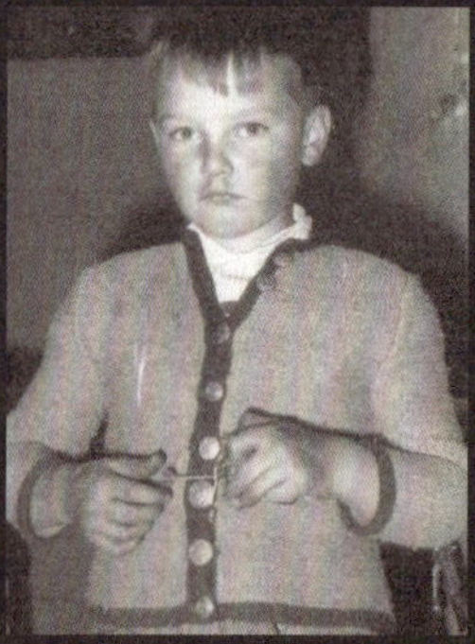
Bruder Albert

Der Dackel Harry

Opa bei der Arbeit

Sonntagsspaziergang

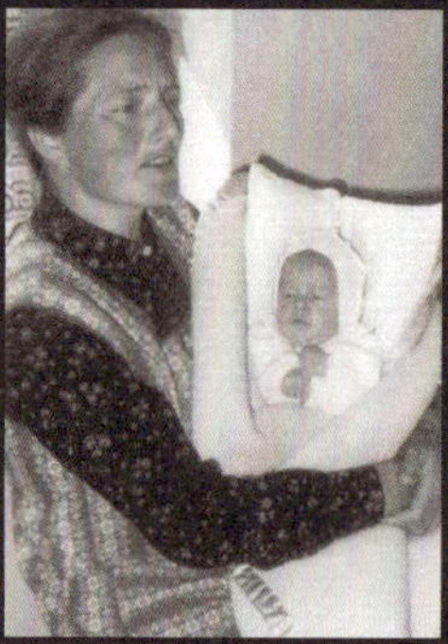
Mutter Kathi

Bei der Familienwanderung

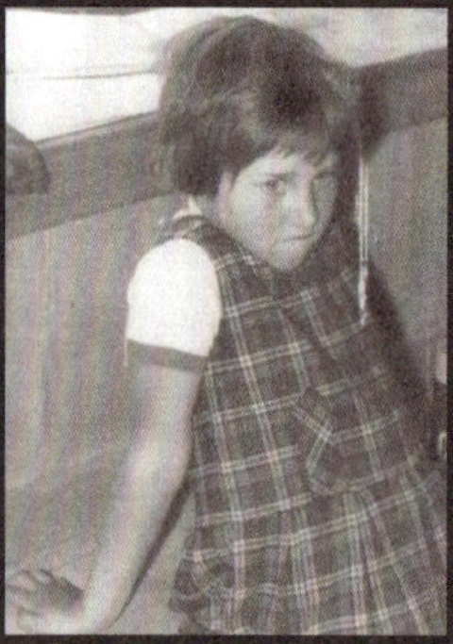
Das bin ich, Wally

Opa mit „Mütterchen“

Unser lieber Opa

Weihnachtserinnerungen

Bruder Robert

Familie mit Oma

Bei den Pferden

... nur Robert fehlt

Wally, Evi und Robert

Bruder Robert

Nadia & Sandra

Mit Omas Geschirr

Wally

Tochter Nadia

Die Familie

Tochter Sandra

Mit meinem Mann Norbert

Vater bei der Arbeit

Nadia und Sandra

Das Pyramidencafe, unser Betrieb

Schwiegermutter

Wanderung mit unserem Hund

Nadia und Sandra

Wally beim Fotoshooting